ONE GOSHO

ワン御書

この一節とともに！

創価学会男子部教学室 編

第三文明社

はじめに

「行き詰まった時こそ、御書を開け」
「疲《つか》れた時こそ、御文を心肝《しんかん》に染《そ》めよ」

この恩師・戸田城聖先生の言葉を、若き池田大作先生は、その通りに実践された。戦後の混乱の中、戸田先生の事業が苦境《くきょう》にあった時、池田先生は御自身が病《やまい》と闘い、恩師を支えながら、連日、日蓮大聖人の御書をひもとき、日記に一節また一節と書き写された。当時を振り返り池田先生は、「その全《すべ》てが若き命の『希望』となり、『勇気』となり、『誓願』となりました」とつづられている。

池田先生は、『日蓮大聖人御書全集　新版』の「序」で、御書の意義を示されている。

「『一切衆生の平等』を謳《うた》い上げ、共生と調和、慈悲と寛容《かんよう》の哲学が説き明かされた御書は、人類全体を結び合い高めながら、戦乱・疫病《えきびょう》・貧困、また自然災害、気候変動など地球的問題群に挑《いど》む『随縁真如《ずいえんしんにょ》の智《ち》』を引き出す無窮《むきゅう》の宝庫といっても過言ではない」

共生と調和の社会を築《きず》き、現代的な諸課題に立ち向かい、世界の平和を開いていくための哲学が、御書にはちりばめられている。だからこそ、いやまして私たちは、いかなる危機をも乗り越えていくための智慧・慈悲・勇気を御書から得ていきたい。

近年、人類は新型コロナウイルス感染症という未曽有《みぞう》の危機に直面した。日本でも海外でも、人と人とが距離をとり、マスクを着用した生活を余儀《よぎ》なくされた。劇的な生活スタイルの変化は、人々の間において、物理的な距離だけでなく、孤立や分断をもたらす精神的な距離をも生み出し、世界にさまざまなひずみをもたらしたと言えよう。

折しも、創価学会男子部は、2020年から「ONE GOSHO運動」という取り組みを始めていた。「人生の勝利を開く指針となる御書の一節を見つけよう」――こうテーマを掲げ、個人の研鑽《けんさん》とともに、あらゆる会合や個人激励などを通して、御書に親しみ、拝していく取り組みである。

創価学会においても感染症の拡大当初、会館等に集まっての会合を自粛《じしゅく》し、次第にオンライン形式での会合開催へと切り替えていった。その先鞭《せんべん》を付けた男子部が真っ先に取り組んだのは、オンラインでの連続御書講義である。未曽有の事態によって、仕事や家庭などさまざまな場所で、ともすれば困難に遭《あ》い、戸惑《とまど》い、不安になっているであろう同志を、御書によって勇気づけ、前進の力を送りたいとの思いからであった。まさしく、物理的な距離を越えて心と心を結び、それによって孤立や苦境を乗り越えていくための御書研鑽だった。

戸田先生は、「会員一同上下新旧の差別なく之（＝御書）が研究に多大の時間を当てている のである」と記された。誰もが平等に御書を学ぶことで、人間革命・宿命転換《しゅくめいてんかん》のドラマをつづってきたのが創価学会の伝統である。

今こそ、私たち青年はその伝統を力強く継承《けいしょう》する。それは、自分自身の人生を切り開く力であると同時に、他者をも照らす励《はげ》ましの光となる。自他共の幸福を目指す創価学会員の生き方を、時代が求めていることを確信し、毎日の研鑽に励みたい。

本書は、「聖教新聞」で2019年12月から連載している、御書の要文解説「ONE GOSHO　この一節とともに！」と、学会活動を始めて間もない男子部大学校生の疑問に答える「大学校生とナットクTALK」30回分を、再編集して構成したものである。一人でも多くの方々の教学研鑽、信心錬磨、および幸福勝利の一助となれば幸いである。

2022年10月

創価学会男子部教学室

ONE GOSHO この一節とともに！ 目次

第1章　祈りの姿勢

第2章 折伏・対話の精神

第3章

社会で実証を示す

第5章　学会活動の意義

第6章 信心、師弟の精神を学ぶ

巻末付録

凡例

一、本書は、「聖教新聞」連載中の「ONE GOSHO この一節とともに!」「大学校生とナットクTALK」のうち、2022年5月までの掲載分をもとに加筆・再編集したものである。対象期間内において、御書等が重複していても、そのまま収録したものもある。
一、御書の御文は、『日蓮大聖人御書全集 新版』(創価学会)に基づく。
一、御文のページ数について、『日蓮大聖人御書全集 新版』と『日蓮大聖人御書全集』(創価学会版、第二七八刷)のページ数を併記し、(新○○ページ・全○○ページ)と表記した。
一、法華経の経文は、『妙法蓮華経並開結』(創価学会版、第二刷)に基づき、(法華経○○ページ)と示した。

装幀・本文デザイン 藤原デザイン事務所

第1章

祈りの姿勢

ONE GOSHO

1

日《にち》厳《ごん》尼《あま》御《ご》前《ぜん》御《ご》返《へん》事《じ》——真剣な祈りが時代を開く鍵《かぎ》

御文

叶《かな》い叶わぬは御信心《ごしんじん》により候《そうろう》べし。全《まった》く日蓮がとが《失》にあらず。水すめ《澄》ば月うつ《映》る、風ふけ《吹》ば木ゆる《揺》るぐごとく、みなの御心《みこころ》は水のごとし、信のよわ《弱》きはにご《濁》るがごとし、信心のいさぎよ《潔》きはすめ《澄》るがごとし。木は道理のごとし、風のゆる《揺》がすは経文《きょうもん》をよむ《読》がごとしとおぼ《思》しめせ。

（新2135ページ・全1262ページ）

【通解】あなたの願いがかなうか、かなわないかは御信心によるのである。まったく日蓮の過失ではない。水が澄《す》めば月が映《うつ》り、風が吹けば木が揺《ゆ》らぐようなものである。人の心は水のようなものであり、信心が弱いのは水が濁《にご》っているようなものである。信心が潔《いさぎよ》いのは水が澄んでいるようなものである。木は仏法の道理のようなものであり、風がその木を揺り動かすのは、ちょうど修行をして経文を読むようなものであると心得ていきなさい。

【背景】本抄は弘安《こうあん》3年（1280年）11月29日、日蓮大聖人が身延で記されたお手紙である。日厳尼御前《にちごんあまごぜん》が大聖人へ、御供養を添えて「立願《りゅうがん》の願書」を送ってきたことに対する御返事である。日厳尼御前について詳《くわ》しいことは分かっていないが、強盛《ごうじょう》な信心を貫《つらぬ》いていた女性門下である。

「立願の願書」とは、御本尊に願いを立てた書面のことである。その内容については不明だが、何か改まった願いがあったものと考えられる。それに対し大聖人は、信心の心構え、祈りの根本姿勢を指導されている。

【解説】本抄の冒頭で日蓮大聖人は、日厳尼御前からの願書と御供養を御本尊に供《そな》え、祈念したことを伝え、「私《わたくし》に計《はか》り申すに及《およ》ばず候《そうろう》」と、自分勝手に御本尊の功徳を推《お》し量《はか》ってはいけないと述べられている。

続けて、「叶《かな》い叶わぬは御信心《ごしんじん》により候べし。全《まった》く日蓮がとが《失》にあらず」と、御本尊には無量無辺の功力《くりき》が具《そな》わっており、その力を現実に現していくのは、あくまでも自身の信仰の心構えによることを教えられている。

いわゆる「おすがり信仰」や「他力本願《たりき》」ではなく、どこまでも主体的に、そして絶対の確信をもって御本尊に向かうという、祈りの基本姿勢を示されたと拝される。

次に、御本尊の功力を「月」に、自身の信心を「水」に譬《たと》えられている。つまり、月影が映《うつ》らない「濁《にご》った水」を「信心が弱い」状態に、月の影がきれいに映る「澄《す》んだ水」を「信心の潔《いさぎよ》さ」として表現されている。

御本尊に相対《あいたい》する心の重要性を強調されているのだ。

私たちに当てはめるなら、「澄んだ水」のような信心とは、疑いなく祈る姿勢であり、素直な心で広布の実践に励《はげ》むこと。反対に、「濁った水」のような信心とは、御本尊を疑う心であり、愚痴《ぐち》や文句を言いながら、受け身で実践している姿といえる。

最後に大聖人は、仏法の道理を「木」に、「経文をよむ」という実践を「風」に譬えられている。

ここでいう「経文をよむ」とは、私たちに当てはめて言えば、勤行・唱題に励むことであり、また、御書の仰《おお》せのままに化他行《けたぎょう》に挑戦することである。「風」によって「木」が揺らぐように、御本尊の功力を引き出す鍵《かぎ》は、純真な信心とともに、果敢な仏道修行の実践にこそあるのだ。

さらに、深く心に刻《きざ》みたいのは、強盛な信心で道理をも動かし、勝利へ向かっていけるとの大聖人の大確信である。

かつて池田先生は、本抄を通して、こう語られた。

「真剣な祈りと行動の『風』を起こした時、『道理』の木を揺るがして、すべてを勝利の方向へ、幸福の方向へ、願い通りの方向へと転換していける。不可能に思えることをも可能にできるのである。『風』を起こすことである。『木』を揺るがすことである」

妙法には、不可能をも可能にしていける偉大な力がある。

だからこそ、私たち学会員は困難に直面した時、「いかなる厳しい現実をも変革していく」という姿勢を貫けるのであり、そこに「諦《あきら》めの心」は存在しないのだ。

先行きが見通せない現代。今こそ、池田門下の青年が大信力を奮《ふる》い起こし、あらゆる困難を吹き飛ばして、広布前進の旋風《せんぷう》を巻き起こす時である。

宝の同志と手を携《たずさ》え、さらなる真剣な祈りと対話拡大に挑《いど》み抜きたい。

創価の青年の熱と力こそ、新たな時代を開く鍵となろう。

TALKテーマ

祈り方

Q　どう祈ればいいか分からなくて……

A　根本は〝広布のために〟が大切

中村区男子部大学校団長　この夏、いよいよ男子部大学校生大会が開催されるね！　当日に向けて、お題目や対話拡大に挑戦して、一緒に信心の確信をつかむ夏にしよう！

新田ニュー・リーダー　あの、ちょっと聞きたいことがあるんですけど……。

中村　おっ、どうしたの？

新田　私は唱題が苦手で、正直言うと、どういう心構えで祈ればいいのかよく分からないんです。会合で活動報告とかを聞くと、「絶対にこの悩みを乗り越える！」って皆さん祈ってるみたいなんですが、自分にはそういう悩みもあんまりなくて……。

中村　題目ってすごいんだよ。御書では、〝小さな音でも、ほら貝に入れて吹く時、遠くまで響《ひび》くようなものである〟という譬《たと》えを通して、〝題目を唱える声は、大宇宙にまで届く〟と示されている（新1121ページ・全808ページ、

登場人物
中村区男子部大学校団長：20歳の時に入会。情熱に燃える新進気鋭のリーダー。34歳。
新田ニュー・リーダー：人材会社勤務の25歳。何ごとも納得してから行動したい性格。

趣意)。

宇宙というと壮大過ぎて実感が湧《わ》かないかもしれないけど、要は〝僕らの祈りが通じないところはない〟ということだよ。

新田　宇宙にまで!?　すごいですね！

中村　祈りに特別な〝型〟はないんだ。御書には「苦をば苦とさと《覚》り、楽《らく》をば楽とひら《開》き、苦楽ともに思い合わせて南無妙法蓮華経とうち《打》と《唱》なえい《居》させ給《たま》え」(新1554ページ・全1143ページ)とある。苦しい時は「苦しいです」、うれしいことがあった時は「うれしいです」と、ありのままの気持ちで祈っていけばいいと思う。

悩みがないって言っていたけど、ささいなことでも〝もっとこうなったらいいのに〟とか〝これがつらいな〟って思うことない？

新田　そう言われると、あります！　どうしても仕事が終わらずに、残業することが多いんですが、少しでも早く帰れるようになりたいんですよね。

中村　じゃあ、まず、そのことから祈っていこうよ！　池田先生は祈りについて、「自身の悩み、苦しみの克服や、種々の願いの成就《じょうじゅ》を祈る時にも、〝広宣流布のために、この問題を乗り越え、信心の見事な実証《じっしょう》を示させてください。必ず、そうしていきます〟と祈っていくんです。祈りの根本に、広宣流布への誓願があることが大事なんです」とつづられているよ。「自分のための祈り」が「広宣流布のための祈り」に変わると、祈りが深くなって境涯《きょうがい》を大きく開けるし、結果も変わってくるよ。

新田　早速、挑戦してみます！

中村　よし、大学校生大会に向けて、一緒に目標を定《さだ》めて前進しよう！

ONE GOSHO

2

一生《いっしょう》成《じょう》仏《ぶつ》抄《しょう》——弛《たゆ》まぬ不《ふ》屈《くつ》の前進を

御文

深く信心を発《おこ》して、日夜朝《にちやちょう》暮《ぼ》にまた懈《おこた》らず磨《みが》くべし。いかようにしてか磨くべき。ただ南無妙法蓮華経と唱えたてまつるを、これをみが《磨》くとはいうなり。

（新３１７ページ・全３８４ページ）

【通解】深く信心を奮《ふる》い起こして、日夜、朝夕に、また怠《おこた》ることなく自身の命を磨《みが》くべきである。では、どのようにして磨いたらよいのであろうか。ただ南無妙法蓮華経と唱えること、これが磨くということなのである。

【背景】本抄は、建長《けんちょう》7年（1255年）に著《あらわ》され、下総国《しもうさのくに》（現在の千葉県北部などの地域）の門下・富木常忍《ときじょうにん》に与えられたと伝えられているが詳細《しょうさい》は定《さだ》かではない。題号の「一生成仏」とは、凡夫《ぼんぷ》がこの一生のうちに成仏することを指す。その一生成仏の要諦《ようてい》である「唱題行」の意義について、法理と実践の両面から明かされているのが本抄である。

日蓮大聖人は、「南無妙法蓮華経」の題目を唱えることが仏の境涯《きょうがい》をあらわす直道《じきどう》であると示され、生命を鍛《きた》える唱題行を「鏡を磨《みが》く」作業に譬《たと》えて、持続の祈りの大切さを教えられている。

【解説】日蓮大聖人は拝読御文の直前で、「衆生《しゅじょう》（凡夫）」と「仏」とは互《たが》いにかけ離れた存在ではなく、「迷っているか」と「悟っているか」の違いにすぎないと仰《おお》せである。さらに、迷いに覆《おお》われた生命を「磨かざる鏡」に、真実の悟りの生命を「明鏡《みょうきょう》」に譬えられている。

鏡は磨かなければ曇《くも》ってしまうように、生命もまた、放っておけば無明《むみょう》という「迷い」に覆われてしまう。

しかし、曇った鏡も磨いていくことで、あらゆる物をよく映《うつ》す明鏡《めいきょう》となる。生命も同様に、唱題行によって無明を払《はら》い、本来具《そな》わる仏の生命を開き顕《あらわ》していけるのである。

「磨く」行為である唱題行の実践について、大聖人は、拝読御文で二つの面から御指南されている。

1点目に、大聖人は「深く信心を発《おこ》して」と仰せである。いくら唱題を重ねても、疑いを抱《いだ》いたままでは、御本尊の功力《くりき》は十全には現れない。自身が妙法の当体であり、「必ず一生成仏できる」と深く確信して、題目を唱えることが大切である。

そしてまた、私たちが現実の課題や逆境に直面した時、無理だと諦《あきら》めるのではなく、〝必ず苦難を打開してみせる〟との決意に奮《ふる》い立てるかどうか。この「覚悟の深さ」こそ、生命錬《れん》磨《ま》の修行の要諦であるといえる。

2点目に、大聖人は、「日夜《にちや》朝暮《ちょうぼ》にまた懈《おこた》らず」と仰せである。日々、怠《おこた》ることなく実践していく――信心には、〝ここまでやればいい〟という到達点はない。過去にどれだけ頑張ったかだけでなく、「持続」することが一生成仏には不可欠である。

その点、大聖人は別の御書で、「受《う》くるはやす《易》く、持《たも》つはかた《難》し。さるあいだ、成仏は持つにあり」（新1544ページ・全1136ページ）とも御教示されている。

私たち後継の青年は、この「確信の祈り」「持続の祈り」を実践しながら、新たな対話と友好の拡大へ打って出たい。

1955年（昭和30年）8月、池田先生が北海道で指揮を執《と》り、広布拡大の金字塔を打ち立てた「札幌・夏の陣」。先生は、朝の勤行と御書講義から毎日をスタート。行く先々で、〝札幌の同志に勝利を〟と祈り、常に題目を唱え続けたという。

先生はかつて、北海道の友に語っている。

「『妙法』の祈りは、自身の〝生命の変革〟をもたらし、その変革は、必ず〝周囲の人々や生活環境の変革〟へと連《つら》なっていく。

地域の発展も経済の好転も、〝自分にはとても手が出ない〟と思われるような願いであっても、わが『一念』から発する『信心』の力用しだいによって、やがて厳然《げんぜん》とかなえられていくことを、強く確信していただきたい」

願いがかなうまで祈る――これが本当の唱題である。諦めや惰性《だせい》といった自身の弱さに打ち勝つ、「確信」と「持続」の祈りで、思ってもみなかったような勝利の人生を必ずや開きたい。

TALKテーマ

祈りの姿勢

Q　唱題は量より質？

A　真剣な「持続の祈り」こそ肝要《かんよう》

沢田ニュー・リーダー　実は年頭から、仕事の営業成績の目標を立てて祈り始めたんですが、なかなか結果が出ないんです……。

新井区男子部長　苦労してるんだね。でも、沢田君がそうやって悩んでること自体、頑張っている証拠だよ。でも、この信心は、「祈ったらすぐに結果が出る」というような魔法みたいなものとは違うよ。

沢田　うーん……。頭では分かるんですけど、題目を唱えて、1週間、2週間とたつと、もうダメなのかなあって、だんだんと気持ちがなえてきちゃって。題目の時間が足りないんですかね？

新井　もちろん、いっぱい題目をあげるに越したことはないけど、祈る時の「真剣さ」も大事なんじゃないかな。

沢田　「量」より「質」ってことですか？

新井　何て言えばいいかなあ……。そうだ！

登場人物
新井区男子部長：学会3世の38歳。後輩の育成に全力を注ぐ、信頼厚きリーダー。
沢田ニュー・リーダー：24歳。仕事上の悩みを乗り越えたいと男子部大学校に入校した。

沢田君は千円札と1万円札、財布に入ってたら、うれしいのは、どっち？

沢田　えっ！　そりゃあ1万円札ですよ。

新井　だよね。その上で、1万円札が1枚だけより、たくさん入ってる方が、もっといいよね。

沢田　当たり前じゃないですか。

新井　次元は違うけど、祈りも同じだよ。質も量も、どっちも大事なんだ。大きな買い物をしようと思えば、たくさんお金も必要だよね？　自分にとって大きな目標を達成しようと思うなら……。

沢田　真剣に、いっぱいお題目をあげればいいんですね！

新井　その通り！

沢田　とすると、1日どれくらいあげればいいんでしょう？

新井　「これだけ祈らなければいけない」という決まりはないよ。祈りは幸せになるための道だから、自分が満足できるまで祈ればいい。その上で大事なことは、大学校の実践項目＊にある「持続の祈り」だよ。

沢田　持続？

新井　御書に「法華経の信心をとお《通》し給《たま》え。火をき《切》るに、やす《休》みぬれば火をえ《得》ず」（新1522ページ・全1117ページ）とある。木をこすって火を起こすのに、途中で休んでしまえば火は得られない。同じように、祈りも絶え間なく続けることが肝要《かんよう》なんだ。

沢田　「質」と「量」と「持続」……祈りの姿勢が明確になりました。

新井　一念を込めて祈り続けていけば、生命力と智慧が無限に湧《わ》いて、行動も変わっていく。僕も一緒に祈るよ。沢田君の目標が達成できるまで！

＊①持続の祈り ②勇気の折伏 ③師弟の精神を学ぶ ④同志と励まし合う ⑤使命の場所で勝つ

ONE GOSHO

3

呵《か》責《しゃく》謗《ほう》法《ぼう》滅《めつ》罪《ざい》抄《しょう》——壁《かべ》破《やぶ》り新たな歴史を

御文

いかなる世の乱れにも各々《おのおの》をば法華経・十羅刹《じゅうらせつ》助け給《たま》えと、湿《しめ》れる木より火を出《い》だし、乾《かわ》ける土より水を儲《もう》けんがごとく、強盛《ごうじょう》に申すなり。

（新1539ページ・全1132ページ）

【通解】いかなる世の乱れにも、あなた方を法華経や十羅刹女《じゅうらせつにょ》よ助け給《たま》え、と湿《しめ》った木から火を出し、乾《かわ》いた土から水を出すように強盛《ごうじょう》に祈っている。

【背景】本抄は文永《ぶんえい》10年（1273年）、日蓮大聖人が流罪地の佐渡・一谷《いちのさわ》で著《あらわ》された。鎌倉の四条金吾《しじょうきんご》に送られたお手紙であるとされてきたが、詳細《しょうさい》は定《さだ》かではない。

ただ、その内容から、本抄を送られた門下が鎌倉の在住で、厳しい迫害にさらされていたことは間違いない。この門下は亡《な》き母の追善《ついぜん》のために、大聖人に御供養を届けた。本抄は、その真心に対する御礼の手紙である。今回の御文は本抄の末尾の一節である。

【解説】御文の冒頭で、「世の乱れ」と仰《おお》せの通り、日蓮大聖人が本抄を御執筆された頃、社会は騒然《そうぜん》としていた。

文永9年（1272年）、幕府の実権を握る北条一族の内乱（二月騒動《そうどう》）が起こり、さらに、本抄御執筆の翌文永11年には蒙古《もうこ》が襲来《しゅうらい》。大聖人が諸経典に基《もと》づいて幕府に警告されていた「自界叛逆難《じかいほんぎゃくなん》」（内乱）、「他国侵逼難《たこくしんぴつなん》」（他国からの侵略）が現実のものとなっていくのである。

そして大聖人と門下にも激しい迫害の嵐が及んでいた。

大聖人は文永8年（1271年）9月、竜の口の法難に遭《あ》われ、佐渡流罪に。門下らは追放や所領没収《ぼっしゅう》など、〝1000人のうち、999人が退転した〟といわれるほどの大弾圧にさらされていた。

大聖人は流罪地の佐渡にあって、直接、各地の門下を励《はげ》ますことはできない。しかし、本抄で門下たちに限りなく心を寄せ、「法華経・十羅刹《じゅうらせつ》助け給《たま》え」と強盛《ごうじょう》に祈っていると仰せである。

「法華経」とは「御本尊」のことであり、「十羅刹」とは、法華経に登場する10人の羅刹女《らせつにょ》のこと。十羅刹女は、法華経の会座《えざ》で、諸天善神として正法を持《たも》つ人を守る誓いを立てる。

〝断じて弟子たちを守る！〟と、強盛に祈念される大聖人御自身の姿勢を通し、諸天をも揺り動かす確信の祈りの重要性を教えられていると拝される。

その上で、唱題の姿勢について、〝濡《ぬ》れた木から火を出し、カラカラに乾《かわ》いた土から水を得るように祈る〟ことを示されている。

〝とても無理だ〟と思うような厳しい状況で、そのまま諦《あきら》めてしまえば、そこで全《すべ》ての可能性は消えてしまう。

しかし、濡れた木を粘り強く全力でこすり合わせていけば、その熱で木が乾燥し、火がつくことがあるかもしれない。砂漠のような大地も、地中深く掘っていけば、水が出てくるかもしれない。

不可能を可能にしゆく祈りは、「不可能」と決め付ける自身の〝弱い心〟を打ち破ることから始まるのである。

小説『人間革命』第10巻「一念」の章には、1956年（昭和31年）1月、「大阪の戦い」に臨《のぞ》む関西の同志と共に本抄を拝した山本伸一の言葉が、次のようにつづられている。

「今、私たちの置かれた立場や、合理的な考えに慣れてしまった頭脳では、不可能と思うでしょう。しかし、無量の力を御本尊は秘めていることを、日蓮大聖人は、明確に教えていらっしゃる。これを信じるか信じないかは、私たちの問題です。大聖人の正統派の弟子として戦う以上、まず、強盛な祈りによって、不可能を可能とする実践が勇んで出てこなければなりません」

師弟不二の祈りと限界突破の戦いに徹《てっ》し抜いた結果、関西の友は広布史に燦然《さんぜん》と輝《かがや》く大逆転劇を果たしたのだ。

いかに困難な状況になろうとも、不可能を可能にする信心で立ち向かい、勝利の歴史を残すのが、学会の伝統である。無量無辺の力を引き出す強盛な祈りを根本に、胸中《きょうちゅう》の〝諦めの壁〟を打破していこう！

TALKテーマ

信仰の根幹

Q　初詣《はつもうで》に誘われたのですが……

A　日々、御本尊に祈ることが僕らの信心

中村区男子部大学校団長　松岡君、お疲《つか》れさま！　年末年始はどうだった？

松岡ニュー・リーダー　今年は帰省せずに、家でゆっくりしてました。友達から初詣《はつもうで》に誘われたんですけど、親に相談したら「行かない方がいい」って言われたので、行きませんでした。そういえば小さい頃、お祭りの出店とかには行ってたんですが、どうして初詣は行かない方がいいんでしょうか。

中村　いい質問だね。じゃあ、初詣って何をしに行くと思う？

松岡　えーっと、「家内安全」とか「試験合格」とか、そういう願いごとをするためですかね？

中村　そうだね。そういった、一年の無事や願いの成就《じょうじゅ》って、僕らは、家に御安置している御本尊に向かって勤行・唱題する時に、祈ってることだよね。しかも毎日。そもそも、「本尊」というのは、「根本として尊敬するもの」とい

登場人物　**中村区男子部大学校団長：**20歳の時に入会。情熱に燃える新進気鋭のリーダー。34歳。
松岡ニュー・リーダー：信心強盛な家庭で育った学会3世の24歳。明るい性格で友達が多い。

う意味なんだけど、〝何に祈るのか〟というのは、その宗教の根幹に関わる、最も大切なことなんだ。日蓮大聖人は、「末法」という〝何が正しい教えか分からない時代〟に、全《すべ》ての人が幸福になれる道を示してくださった。それが、南無妙法蓮華経の題目であり、僕たちが日々、拝している御本尊なんだ。大聖人は、誤《あやま》った本尊を拝《おが》んではいけないとも仰《おお》せだよ。だから松岡君の親御さんも、初詣に行くことを止めたんだと思う。

松岡　でも、お祭りに参加するのはいいんでしょうか。

中村　お祭りは、由来としては宗教と関係するものが多いけど、今の時代は本来の意味合いが薄《うす》れて、地域の親睦《しんぼく》のためのイベントや慣習になっているからね。

松岡　確かに、クリスマスとかもそうですよね。

中村　イベントで一年に一回だけ「こうなりますように」と願うのではなく、「こうしていくんだ」という決意を、日々新たにして、真剣に御本尊に祈る。これが僕たちの信心の正しい実践だよ。池田先生は、「御本尊に勤行・唱題する時、私どもの生命の善悪の力も、（中略）すべて自分自身の幸福と価値を創《つく》る方向に働いていく」とご指導されているよ。

松岡　毎日の一回一回の祈りを、もっと真剣にやっていきます。

中村　初詣に誘ってくれた友達は、きっとお正月気分を皆で味わいたかったんだろうね。友情は人生の宝だから、別の機会に会えるといいね。

松岡　そうですね。さっそく、予定を合わせて会いに行こうと思います！

ONE GOSHO
4

祈《き》禱《とう》抄《しょう》——誓願の祈りから出発

御文

法華経の行者《ぎょうじゃ》の祈《いの》る祈りは、響《ひび》きの音に応ずるがごとし。影《かげ》の体にそ《添》えるがごとし。すめ《澄》る水に月のうつ《映》るがごとし。方諸《ほうしょ》の水をまね《招》くがごとし。磁石《じしゃく》の鉄《くろがね》をすう《吸》がごとし。琥珀《こはく》の塵《ちり》をとる《取》がごとし。あきらか《明》なる鏡の物の色《いろ》をうか《浮》ぶるがごとし。

（新587ページ・全1347ページ）

【通解】法華経の行者《ぎょうじゃ》の祈る祈りは、響《ひび》きが音に応ずるように、影が体に添《そ》うように、澄んだ水に月が映《うつ》るように、方諸《ほうしょ》（水を得る鏡）が水（露《つゆ》）を招《まね》くように、磁石が鉄を吸うように、琥珀《こはく》が塵《ちり》を取るように、明らかな鏡が物の色や形を浮かべるように、必ずかなうのである。

【背景】本抄は、日蓮大聖人が文永《ぶんえい》9年（1272年）に流罪中の佐渡で著《あらわ》され、最蓮房《さいれんぼう》に与えられたとされるが、詳細《しょうさい》は定《さだ》かではない。当時、国内では天災が続き、蒙古襲来《もうこしゅうらい》の危機なども重なった。為政者《いせいしゃ》たちはそうした災難から逃れようと、諸宗に祈禱《きとう》を依頼していた。

本抄で大聖人は、諸宗の祈りと法華経による祈りを比較。諸宗の誤《あやま》りを明らかにし、法華経によってこそ、祈りがかなうとの大確信を示されている。

【解説】「法華経の行者《ぎょうじゃ》の祈り」は必ずかなう。

日蓮大聖人は〝音が鳴れば響《ひび》きが広がる〟〝体には影が従《したが》う〟〝磁石が鉄を吸い付ける〟〝鏡に物が映《うつ》る〟等、森羅万象《しんらばんしょう》の原理であり、疑う余地のない事実を譬《たと》えとして用《もち》い、絶対の確信を教えられている。

御文の「法華経の行者」とは、法華経をその教説の通りに実践する「如説修行《にょせつしゅぎょう》の人」である。

直接的には大聖人御自身のことであるが、大聖人の広宣流布の大願を継《つ》ぎ、奮闘する真の弟子もこれに当たる。

現代にあっては、まさに折伏《しゃくぶく》や立正安国《りっしょうあんこく》の対話に駆《か》ける学会の同志こそ、法華経の行者にほかならない。

拝読御文の直前には、「どうして仏前のお誓いと自身が成仏した経の恩を忘れ、法華経の行者を捨てられるであろうか」（新587ページ・全1347ページ、趣意）とある。

諸天善神は法華経に大恩があり、その恩を報じるために、法華経の行者を守護することを釈尊に誓った。もし、そのことを忘れるようなことがあれば、仏から罰《ばっ》せられるとまで大聖人は仰《おお》せである。

広布を推進する、日々の学会活動に挑《いど》み抜く私たちの祈りがかなう原理が、ここに示されている。

法華経の行者の祈りがかなうことは約束されている。だからこそ肝心《かんじん》なことは、揺るがぬ確信を持ち続けることである。

御文の譬えを踏まえれば、音は大きければ大きいほど、より遠くまで響き渡る。磁力は強ければ強いほど、より多くの鉄を吸い寄せる。

同じように、御本尊への祈りが強ければ強いほど、それに呼応して御本尊の功力《くりき》が現れ、祈りが成就《じょうじゅ》するのである。

そして忘れてはならないことは、強き祈りを根本に、法華経の行者として、勇敢に信心の実践を貫《つらぬ》くことである。

人は、なかなか思うように進まないと、不安や諦《あきら》めを抱《いだ》いてしまうもの。祈りとは、その諦めと迷いを打ち破る〝己心《こしん》の戦い〟ともいえる。その闘争を勝ち抜く原動力は何か。それは、深き決意であり、なかんずく〝師弟の誓い〟である。

池田先生は教えてくださっている。

「妙法の祈りとは、『誓願』です。最も強靱《きょうじん》な精神の力です。祈りが心に満ち満ちているところ、いかなる臆病《おくびょう》も、あきらめも、弱音も、入り込む隙《すき》などありません」

師匠に心を合わせ、〝必ず勝つ！〟〝絶対に幸せになる！〟との一念を定《さだ》めた強き祈りが、諸天善神を揺り動かす。

職場や家庭での挑戦、宿命との戦いなど、自身のあらゆる課題の克服、そして新たな広布の拡大――その全《すべ》ての営《いとな》みが、法華経の行者としての使命を果たしゆくものだ。「祈りはかなう」。この確信で日々の唱題に励《はげ》み、大いなる飛躍を遂《と》げよう！

TALKテーマ

持続の祈り

Q　唱題の目標を達成できません

A　日々「満足」の積み重ねを

中村区男子部大学校団長　先日の大学校の会合は、みんな決意に燃えていたね！　熊谷君は仕事の悩みの解決を目指して、「1日30分の唱題」を目標に掲げていたね。

熊谷ニュー・リーダー　最初の2日間は順調だったんですけど、3日目から続かなくて……。前の会合で「毎日欠かさず、自分で決めた時間の題目を唱える中で、病気を乗り越えられた体験」に感動したので、僕もやろうと思ったんですが、無理でした。

中村　決意を持続することって、難しいよね。

熊谷　いつも忙《いそが》しさに流されてしまうんです。深夜に帰って、倒れるように寝ることもあって。次の朝「昨日もできなかったな」と思うと、情けなくなるんです。

中村　落ち込む必要はないよ！　今まで以上の目標を2日間もできたなんてすごいじゃないか。

日蓮大聖人は「南無妙法蓮華経とただ一反《ぺん》申せ

登場人物
中村区男子部大学校団長：20歳の時に入会。情熱に燃える新進気鋭のリーダー。34歳。
熊谷ニュー・リーダー：学会3世の28歳。システムエンジニアとして多忙な毎日を送る。

る人、一人として仏にならざるはなし《無》」（新21
57ページ・全1573ページ）とおっしゃって
いるよ。たとえ一遍の題目でも、無量無辺の福
徳があるんだ。「これだけ題目を唱えたぞ」って
胸を張っていいと思う。

熊谷　そう言われると安心します。できない日が続くと「やらなきゃ」っていう焦《あせ》りばっかり大きくなって。

中村　池田先生はこう言われているよ。「すべて自分のための信心です。唱題も『自分が満足する』ということが大事です。決して、何時間やらなければいけないとか、形式ではない。（中略）『ああ、すっきりした』と自分が満足するのが第一義です。その一日一日の積み重ねが、自然のうちに、いちばんいい方向へと人生を開いていくのです」。もちろん、自身の殻《から》を破るために時間を決めて挑戦することも大切だけど、それが〝重圧〟になって、やりにくくなってしまえば本末顛倒《ほんまつてんとう》じゃないかな。忙しい日は「今日は5分、真剣にやろう！」とか「三唱だけでも！」と、〝唱題しよう〟という気持ちを途切れさせないことが大事。徐々に、自分で決めた通りにやり抜くこともできていくよ。

熊谷　それなら僕にもできそうです！

中村　僕は入会した頃、題目のすごさが分からなくて、会合以外ではなかなか祈れなかった。でも、仕事で失敗して自信をなくした時に、男子部の先輩に相談したら「一緒に祈ろう」って言われてね。毎日一緒に唱題していくと、不思議と「よし、やろう！」っていう気持ちが少しずつ湧《わ》いて、苦手だった仕事を楽しめるようになったんだ。

熊谷　そういう体験、僕も積んでいきたいです。

中村　じゃあ今週から、一緒に唱題しようよ！

第2章

折伏・対話の精神

ONE GOSHO
5

持妙法華問答抄《じみょうほっけもんどうしょう》——勇気の挑戦で時代を築《きず》け

御文 願わくは、「現世安穏《げんぜあんのん》、後生善処《ごしょうぜんしょ》」の妙法を持《たも》つのみこそ、ただ今生《こんじょう》の名聞《みょうもん》、後世《ごせ》の弄引《ろういん》なるべけれ。すべからく、心を一《いつ》にして南無妙法蓮華経と我も唱え他をも勧《すす》めんのみこそ、今生人界《にんかい》の思い出なるべき。

（新519ページ・全467ページ）

【通解】願わくは「現世は安らかであり、来世には善《よ》い所に生まれる」と仰《おお》せの妙法を持《たも》つこと、それのみが、この一生の真の名誉であり、来世の導《みちび》きとなるのである。ぜひとも全精魂を傾けて、南無妙法蓮華経と自身も唱え、他の人にも勧《すす》めるがよい。それこそが、人間として生まれてきたこの一生の思い出となるのである。

【背景】「持妙法華問答抄《じみょうほっけもんどうしょう》」は、題号の通り、「妙法華（妙法蓮華経）」を「持《たも》つ」ことによって、皆が仏の境涯《きょうがい》を開いていけることを、問答形式で教えられた御書である。日蓮大聖人が、弘長《こうちょう》3年（1263年）に、伊豆流罪を赦免《しゃめん》された直後に著《あらわ》された等と伝えられているが、詳細《しょうさい》は定《さだ》かではない。

本抄では、諸経の中で最も優《すぐ》れた教えが法華経であると述べ、その教えを持つことの功徳の大きさや、誹謗《ひぼう》する罪の重さ、そして「信」の大切さなどについて教えられている。

【解説】拝読箇所の冒頭にある「現世安穏《げんぜあんのん》、後生善処《ごしょうぜんしょ》（現世安穏にして、後に善処に生ずべし）」（法華経244ページ）との法華経の文は、妙法を持つことで現世に幸福境涯を築《きず》き、未来世に善《よ》い所に生まれることができるという大きな功徳を示している。

ここでいう「安穏」とは、単に困難や悩みのない順風満帆《じゅんぷうまんぱん》な状態のことではない。仕事の悩み、自身や家族の病《やまい》、将来への不安など、私たちが生きていく現実は、さまざまな苦難が襲《おそ》ってくるものである。どんな困難にも負けることなく、挑《いど》み抜く不動の心に真の「安穏」がある。

日蓮大聖人は、その境涯が確立できる妙法を「持つ」ことこそ今世の名誉であり、三世にわたる幸福を開くことになると教えられているのである。

では「持つ」とはどういうことか。

まず「心を一《いっ》にして」とあるように、心を定めて御本尊を信じ抜くことが根本である。そして「南無妙法蓮華経と我も唱え他をも勧《すす》めんのみ」と仰《おお》せの通り、日々の勤行・唱題に励《はげ》みながら、友の幸福を願い、折伏《しゃくぶく》に挑んで妙法を語り広げること、つまり自行化他《じぎょうけた》の実践が「妙法を持つ」ことなのである。

さらにこの実践が、今生きている人生の最高の思い出になると断言されている。本抄には「名聞名利《みょうもんみょうり》は今生《こんじょう》のかざり《飾》」（新513ページ・全463ページ）とあり、世間的な名声や利益は〝人生の飾り〟にすぎないとされている。確かに名聞名利は何かのきっかけで、はかなく消えてしまう。それに対して、自他共の幸福をつかむために広布に生きる日々は不滅の思い出となり、その福徳は生命に刻《きざ》まれていく。

ここで仏法対話について、妙法を説いて相手が発心《ほっしん》する「発心下種《げしゅ》」も、すぐには発心しない「聞法《もんぽう》下種」も、功徳が同じであることを確認したい。池田先生は「思うように対話が実《みの》らないことがあったとしても、落ち込む必要など全《まった》くない。聞法下種こそ、第一義の実践である。勇気を出して挑戦していること自体が生命の勝利なのだ」とつづっている。

また池田先生が若き日に、友人との対話の場に戸田先生に同席してもらったが実らなかった折伏の体験を、こう述懐《じゅっかい》したことがある。

「自分が不甲斐《ふがい》なく、どう語ればよいのか、必死に研究もした。そして、祈りに祈り、〝もう一人〟〝もう一人〟との思いで、折伏行を重ねた。それが、どれほど大きな自身の力となっていったか計り知れない。そのなかで、ようやく折伏が成就《じょうじゅ》した時の、あの晴れやかな感動と喜びは、筆舌《ひつぜつ》に尽《つ》くしがたい」

折伏を通した自《みずか》らの成長と、弘教《ぐきょう》の歓喜は「今生人界《にんかい》の思い出」として胸中《きょうちゅう》深くに刻まれるのだ。どうしたら、友人に仏法の素晴らしさが伝わるだろう――そう真剣に悩み、祈り、語ることは、それ自体によって無量の福運が積まれる。

宿命転換の挑戦にあたっては、自行と化他の明確な目標を掲げていきたい。そして、同志と互《たが》いの目標を共有し、祈り合うことも大切だろう。皆で団結して勇気の折伏に挑み、共々に人間革命の思い出を築いていこう！

TALKテーマ

対話で大切なこと

Q　口下手《くちべた》で、上手に話せません

A　真心は必ず伝わる

中村区男子部大学校団長　今日も会合への参加、ありがとう。「友人と対話してきた」と話してくれていたよね。充実の対話になったかな？

勝又ニュー・リーダー　はい……。友人と会うことはできたのですが、実は、あまり会話が弾《はず》まなくて。学会のことや信心のことを、上手《じょうず》に説明できませんでした。やっぱり、対話って難しいなと思いました。

中村　勝又君は、友人のことを思って対話したんだから、その行動自体が、本当に尊《とうと》いことなんだよ。

勝又　僕は口下手《くちべた》で、人と話すことが苦手です。どうしたら、中村団長みたいに、上手に話ができるようになるでしょうか。

中村　僕も昔は、話そうと思ったことをほとんど話せなくて、落ち込んでばかりだったんだよ。

勝又　本当ですか⁉　嫌《いや》になることはなかったんですか。

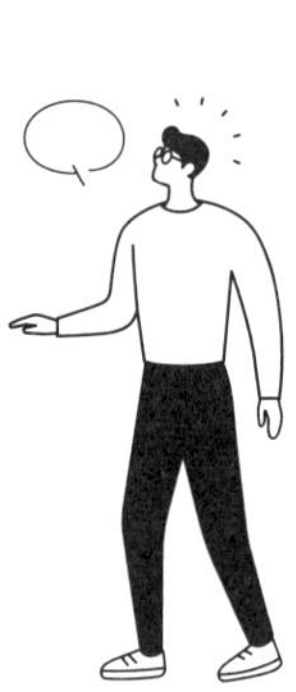

登場人物　**中村区男子部大学校団長：**20歳の時に入会。情熱に燃える新進気鋭のリーダー。34歳。
勝又ニュー・リーダー：穏やかな性格で、仲間の大学校生からも好かれる。23歳。

中村　先輩に励《はげ》ましてもらって、一人また一人と、対話に挑戦していく中で気付いたんだ。対話で大切なのは「上手に話すこと」ではないし、背伸びをしたり身構えたりして話すことでもないって。

勝又　では、何が大切なんですか。

中村　御書には「言《ことば》と云《い》うは、心の思いを響《ひび》かして声を顕《あらわ》すを云うなり」（新713ページ・全563ページ）とある。対話は、相手を思う真心こそが大切なんだと思う。僕も、最初の対話で〝うまく話せなかった〟と思う友人へ、年賀状を送ったり、折に触れて連絡を取ったりする中で、友人の方から悩みを打ち明けてくれるようになった。〝真心は相手に届くんだ〟と実感したよ。

勝又　そんなことがあったんですか。いろんな形で関わり続けていることも、すごいなと思います。

中村　使命があって広げた仏縁《ぶつえん》だからね。だからこそ友人と会う前はいつも、「真心が通じますように」って相手のことをしっかり祈る。すると勇気が湧《わ》く。池田先生は「勇気をもって語っておけば、その人の生命の大地には仏種《ぶっしゅ》が植えられる。それは、いつか必ず花開く時が来る」と言われている。僕自身も、大学校生のみんなの頑張る姿から勇気をもらっているんだ。

勝又　確かに、今日の会合で、みんなの挑戦を知って、僕も励まされました。〝自分は一人ぼっちじゃないんだ〟って思うと、元気が出ます。

中村　うん。勝又君の言う通りだ。皆で互《たが》いに励まし合い、それぞれの人間革命を懸《か》けて、堂々と、朗《ほが》らかに、勝利の金字塔を打ち立てよう！

ONE GOSHO

6

御義口伝《おんぎくでん》――〝誠実〟が友の心に通じる

御文

不軽菩薩《ふきょうぼさつ》の四衆《ししゅ》を礼拝《らいはい》すれば、上慢《じょうまん》の四衆の具《そな》うるところの仏性《ぶっしょう》もまた不軽菩薩を礼拝するなり。鏡に向かって礼拝をなす時、浮《う》かべる影《かげ》また我を礼拝するなり

（新1071ページ・全769ページ）

【通解】不軽菩薩《ふきょうぼさつ》が四衆（出家・在家の男女）を礼拝《らいはい》すれば、増上慢《ぞうじょうまん》の四衆の仏性《ぶっしょう》もまた同時に不軽菩薩を礼拝するのである。これは、ちょうど、鏡に向かって礼拝をする時、そこに映《うつ》っている自分の影もまた、自分を礼拝するのと同じ原理である。

【背景】「御義口伝《おんぎくでん》」は、日蓮大聖人が身延の地で法華経の要文を講義された内容を、日興上人が筆録《ひつろく》し、大聖人の許可を得て完成したものと伝えられている。

各項目では、法華経の一節を挙げ、天台大師《てんだいだいし》等の釈を引用した上で、「御義口伝に云《い》わく」と、末法の御本仏のお立場から法華経解釈を展開されている。

今回の御文は、「常不軽品《じょうふきょうほん》三十箇《か》の大事」の「第二十九　法界《ほうかい》は礼拝《らいはい》の住所の事」の中の一節である。

不軽菩薩《ふきょうぼさつ》は、法華経常不軽菩薩品第20に説かれる釈尊の過去世の姿であり、威音王仏《いおんのうぶつ》の像法《ぞうほう》時代の末に、万人を礼拝する菩薩行を実践した。

慢心の人々から迫害を受けたが、礼拝行を貫《つらぬ》き通し、この修行が因となって成仏した。

【解説】不軽菩薩は、縁した全《すべ》ての人に対し、礼拝・賛嘆《さんたん》して、「私はあなたたちを敬《うやま》う。なぜなら、あなたたちは菩薩の修行をすれば、仏になるからです」と語り掛けていった。

ところが、人々は不軽菩薩に対して〝余計なお世話だ〟とばかりに反発し、悪口罵詈《あっくめり》や暴力による迫害を加えてきた。

しかし、不軽菩薩は決して怯《ひる》まなかった。「私は、あなた方を軽《かろ》んじません。皆さんは必ず仏になる人なのです」と礼拝し続けた。そして不軽菩薩は「六根清浄《ろっこんしょうじょう》」（目、耳などの感覚・認識器官が清らかになること）の功徳を得る。

一方、不軽菩薩を迫害した人々は長い時を経《へ》た後で、不軽菩薩に信伏随従《しんぷくずいじゅう》した。

御書に「今、日蓮等の類《たぐ》い、南無妙法蓮華経と唱え奉《たてまつ》る行者《ぎょうじゃ》は、末法《まっぽう》の不軽菩薩なり」（新1066ページ・全765ページ）と仰《おお》せのように、日蓮大聖人もまた、いかなる迫害に遭《あ》おうとも不軽の実践を貫かれた。

拝読御文は、不軽菩薩が迫害してくる人々に礼拝すると、その相手の仏性《ぶっしょう》が不軽を礼拝し、敬うことを述べられている。それは〝鏡に向かっておじぎをした時、その鏡に映《うつ》る自分も、こちらに向かっておじぎするようなものである〟と示されている。

仏法を語れば、さまざまな反応があろう。たとえ、「興味がない」「自分には必要ない」と反発されたとしても、友の仏性を信じて祈り、対話を続けていけば、真心は必ず通じる。人として信頼される。最後には、共に幸福の道を開いていくことができるのである。

戸田先生は「折伏《しゃくぶく》すれば信用が残る」と語られた。この言葉は、相手の仏性を信じ抜く誠実な振る舞いは、必ず相手の心に通じていく、という不軽菩薩の〝対話の実践〟を表しているといえよう。

とはいえ、何度、対話に挑戦しても、なかなか相手に思いが届かず、悩むこともある。

小説『新・人間革命』第25巻「共戦」の章には、延べ22日間で世帯数を約10倍に拡大した山口開拓指導の場面が描《えが》かれている。

なかなか弘教《ぐきょう》が実《みの》らないと落胆《らくたん》する同志たちに対し、山本伸一は使命の自覚を促《うなが》した。

「私たちの下種《げしゅ》活動は、現代において、不軽菩薩の行を実践しているんです。すごいことではないですか！」

「皆さんは、現代の不軽菩薩であり、また、地涌《じゆ》の菩薩です。そして、日蓮大聖人と同じ仏道修行の大道を歩んでいるんです」

その指導に接した同志たちは皆、新たな決意で折伏に飛び出していった。その熱意や真心が、批判的だった相手の心を動かし、弘教が次々に結実《けつじつ》していったのである。

広布拡大の勝利の要諦《ようてい》は今も変わらない。私たちも地涌の使命に燃え、どこまでも一対一の誠実な対話を貫いていきたい。

TALKテーマ

仏法対話

Q　折伏《しゃくぶく》しないとだめですか

A　信心の確信をつかむ挑戦を

北原ニュー・リーダー　中村さん、折伏《しゃくぶく》って、しないとダメですか？

中村区男子部大学校団長　お！　その言い方だと、苦手意識があるのかな？

北原　苦手ですし、正直、ちょっと嫌《いや》なんです。大学校に入って、会合に参加したり、みんなで唱題したりするのは〝いいもんだな〟って思えてきました。でも折伏は、相手に何て言われるか不安で、嫌われちゃったらどうしようとか、色々と想像してしまって……。

中村　そうだよね。僕も入会から少したった頃、先輩から「次は君が、友達に仏法を語ろう」って言われて、〝絶対に無理〟って思ったよ。

北原　同じですね。それでも挑戦したんですか？

中村　うん。何がきっかけだったかっていうと、先輩から「信心して良かったと感じているなら、自分の大切な人にも伝えてあげたいよね」と言

登場人物

中村区男子部大学校団長：20歳の時に入会。情熱に燃える新進気鋭のリーダー。34歳。
北原ニュー・リーダー：20歳。大学校入校後に、祈りと努力で就職を果たした。

われてさ。〝確かに〟と思って。でも、すぐに語れるかというと全然違う。だから、「大切な人に語れる自分になれるように」と、まず祈ったんだ。〝御本尊様、勇気をくださいー〟って。

北原 勇気、出たんですか？

中村 うん、出た。引っ込み思案《じあん》で、友達も少なかったけど、何とか「創価学会やってる」「会合見てほしい」ってね。友達はちゃんと話を聞いてくれて、今でも感謝しているよ。誠実な思いは、どんな形であれ通じていくから、安心してほしい。何より、仏法対話をして、人の人生や心に深く飛び込んでいく中で、自分自身が磨《みが》かれ、大きく変われる。功徳も大きいんだ。

北原 どんな功徳があったんですか？

中村 僕の場合は、折伏に挑戦する中で、会社で希望の部署に異動が決まった。さらに、異動先で苦手な同僚がいたんだけど、同僚の〝見え方〟も変わったんだ。何でもズケズケ物を言う人なんだけど、むしろ「ウソの無い人だ」って思うようになった。結局は、自分が変わったんだと思う。「人のために火をとも《点》せば、我がまえ《前》あ《明》きらかなるがごとし」（新2156ページ・全1598ページ）とある通り、自分も友人も幸せになっていけるのが信心だし、折伏なんだ。

北原 すごいですね。でも、自分にはまだできないなとも思ってしまいます。

中村 大丈夫。一緒に題目をあげよう。池田先生は「信仰の確信と歓喜をありのままに語って、友の生命に幸福の種を蒔《ま》くのだ。『幸せになってほしい』との真剣な祈りが届かないわけがない」と応援してくれているからね。

北原 そうですね。まずは、祈ってみないと！

中村 真剣に祈ったら、胸を張って、明るくいこう！

ONE GOSHO

7

立《りっ》正《しょう》安《あん》国《こく》論《ろん》――信念の対話を貫《つらぬ》け

御文

鳩《はと》化《か》して鷹《たか》となり、雀《すずめ》変じて蛤《はまぐり》となる。悦《よろこ》ばしいかな、汝《なんじ》、蘭《らん》室《しつ》の友に交わって麻《ま》畝《ほ》の性《しょう》と成る。

（新43ページ・全31ページ）

【通解】（故事に）鳩《はと》が変化して鷹《たか》となり、雀《すずめ》が変じて蛤《はまぐり》になるとあるが、そのようにあなたは考え方を大きく改められた。喜ばしいことに、あなたが蘭室《らんしつ》の友（蘭の香りのように人徳の薫《かお》り高い人）に交わって感化を受け、蓬《よもぎ》のように曲がっていた邪信が、麻畑《あさばたけ》の中で正されたように、真っすぐに正法を求めることができた。

【背景】「立正安国論《りっしょうあんこくろん》」は、文応《ぶんおう》元年（1260年）7月16日、日蓮大聖人が39歳の時、当時の実質的な最高権力者である北条時頼《ほうじょうときより》に提出された「国主諫暁《かんぎょう》の書」である。「諫暁」とは、「諫《いさ》め暁《さと》す」ことであり、相手の誤《あやま》りを指摘《してき》し、正しい道に導《みちび》く、との意義がある。

当時は、大地震・大風・洪水等の自然災害が相次ぎ、深刻な飢饉《ききん》が発生。さらに、疫病《えきびょう》の流行などが毎年のように続き、人心は乱れ、民衆は塗炭《とたん》の苦しみにあえいでいた。中でも、正嘉《しょうか》元年（1257年）8月に鎌倉一帯を襲《おそ》った「正嘉の大地震」が本書執筆の直接の動機である。本書では、災難が続く根本原因は人々が正法に背《そむ》き、悪法を信じていることにあると述べ、災厄《さいやく》の元凶《げんきょう》として専修《せんじゅ》念仏を鋭く破折《はしゃく》。速《すみ》やかに妙法に帰依《きえ》するように促《うなが》している。

【解説】「立正安国論」は「問答」つまり対話形式で展開される。誤った教えに執着《しゅうちゃく》する客（時頼を想定）のさまざまな疑問に、主人（日蓮大聖人を想定）が経文を引用しながら、一つ一つ真実を説き明かしていく。客は次第に仏法に対する間違った考えを改め、納得と共感を示すようになる。その様子をたたえ、主人が述べたのが今回の拝読御文である。

冒頭、大聖人は〝鳩《はと》が鷹《たか》に、雀《すずめ》が蛤《はまぐり》になる〟との故事を用《もち》いて、客の心の変化の大きさを表現。続いて、香り高い蘭《らん》が置かれた部屋にいると、自然とその香りが自身に移ることに譬《たと》えて、主人との対話を通して、客が感化されたことを記している。また、客の仏法へのゆがんだ認識が、主人によって正されていく様子を、曲がって育つ蓬《よもぎ》が麻畑《あさばたけ》では麻に従って真っすぐに伸びることを譬えに引いて示されている。

私たちの広布の実践に当てはめた時、大切なことは、自分自身が友人にとっての〝蘭室《らんしつ》の友〟となっていくことである。

実際に対話に臨《のぞ》むと、反応は十人十色《といろ》である。時には無理解や誤解から、反発されることもあろう。そんな時こそ、大聖人が示された、相手を包《つつ》み込む対話の姿勢を手本としたい。

例えば――。

宗教的権威や名声を判断基準として念仏信仰にこだわる客に、主人は、「文証」「理証」「現証」を尽《つ》くして正法への帰依を勧《すす》める。客が主人の指摘に怒り、立ち去ろうとすると、「主人咲《え》み、止《とど》めて曰《い》わく」（新34ページ・全24ページ）と、ほほ笑みを浮かべながら客を止め、悠々《ゆうゆう》と対話を続ける。世間の浅薄《せんぱく》な評判や感情論に流されず、粘り強く信念の語らいを貫《つらぬ》いたのである。

ここで示される振る舞いの根底には、民衆救済への大慈悲が脈打っている。主人の慈悲がまさに〝蘭の香り〟のように客を包んだのである。最終的に、客の心は大きく変化し、自他共の謗法《ほうぼう》を戒《いまし》めていくとの決意を述べるに至る。

社会が混乱と分断の暗闇《くらやみ》に覆《おお》われ、人々の心が揺れ動く現代こそ、民衆救済という仏法者の使命を発揮する時。相手を思う真心の言葉は必ず届くとの確信で、どこまでも友の幸福、社会の安穏《あんのん》を祈り、誠実な対話に挑《いど》んでいきたい。

池田先生は語っている。

「いかなる境遇《きょうぐう》であれ、人々のため、社会のために尽くしながら、朗《ほが》らかに、確信に満ちて力強《ちからづよ》く生きる姿は、相手の心を揺り動かさずにはおきません。私たち一人一人は、妙法を持《たも》って広宣流布、立正安国の大願に生き抜く時、知らず知らずのうちに、尊貴《そんき》な『蘭』の如《ごと》き生命と薫《かお》っていきます」

私たちが結び広げる語らいの絆《きずな》は、友の心にある不安を希望に、諦《あきら》めを勇気に変え、社会に生きる力を送る。立正安国の偉大な使命を担《にな》う私たちが、〝自身の新記録〟を目指し、希望と幸福の未来を開く仏縁《ぶつえん》の拡大に挑戦していこう！

TALKテーマ

会って語る

Q　SNSで返信がないと落ち込みます
A　一喜一憂《いっきいちゆう》せず相手を信じよう

辛島《からしま》ニュー・リーダー　新井さん、僕、もしかしたら友達に嫌われているかもしれません。

新井区男子部長　どうしたの?

辛島　実は、大学校の卒校に向けて、仏法対話したいなと思って、SNSで友達と会う約束を取ろうと思ったんですけど……「既読」は付いたのに、返信がないんです。

新井　〝既読スルー〟ってやつだね(苦笑い)。

辛島　結構へこみます……。

新井　確かに、SNSで連絡する時って、すぐに返信がないと、「何で?」って気持ちになるよね。その友人は、いつもすぐ返信するタイプ?

辛島　マチマチですね。返信したり、スルーしたり。ただ、僕自身が、相手からすぐに返信が来ないと、「あれ、もしかして嫌われた?」とかって考えちゃうんです。

新井　確かに、辛島君の気持ちはよく分かる。でも、友情って〝返信のスピード〟で決まるも

登場人物　**新井区男子部長：**学会3世の38歳。後輩の育成に全力を注ぐ、信頼厚きリーダー。
辛島ニュー・リーダー：社会人2年目。男子部大学校生として仏法対話に挑戦中。

のかな？　SNSのやり取りだと〝顔〟が見えないから、相手がどんな思いや状態なのか分からないよね。ただ単に、返信を忘れていたり、忙《いそが》しくて返信する時間がなかったり、じっくり予定調整してくれているのかもしれない。

辛島　そう言われると、僕もそんな時、あります。

新井　だよね。人とつながるツールとしてSNSはとても便利だけど、表面だけで判断しないことが必要なんじゃないかな。その上で、大切なのは、相手がどうこうじゃなくて、自分自身が、相手との友情を大切にしたい気持ちを変わらず持ち続けること。どんな相手に対しても、友情を深めていこうと心掛けることだと思う。

辛島　相手じゃなくて、自分……。

新井　そう。池田先生も「『自分が相手を思う』からこそ、友情なのです」と教えてくださっている。辛島君が友人の幸福を祈り、つながりを大事にする限り、友情は続いていくと思うよ。

辛島　試されているのは、自分自身なんですね。

新井　友人とすぐ会えなくても、僕たちには題目がある。御書に「題目を唱える声は、十方世《じっぽうせ》界で届かぬところはない」（新1121ページ・全808ページ、通解）とあるけど、友人を思う真剣な祈りは、必ず相手の仏性《ぶっしょう》に通じていくよ。僕が今年入会に導《みちび》いた高校の同級生は、最初、連絡しても1週間以上、音沙汰《おとさた》がなかったんだ。それでも彼の幸福を祈っていったら、ある日「ごめん、仕事で徹夜続きだった」と返信をくれてさ。信じ続けることが大事だなって、あらためて思ったよ。

辛島　気持ちと祈りが通じたんですね！

新井　SNSのやり取りに一喜一憂《いっきいちゆう》する必要はないよ。何があっても相手を信じ抜いて、会って語る挑戦を重ねていこう！

ONE GOSHO

8

法《ほっ》華《け》初《しょ》心《しん》成《じょう》仏《ぶつ》抄《しょう》――堂々と正義を語ろう

御文

とてもかくても法華経を強《し》いて説き聞かすべし。信ぜん人は仏になるべし。謗《ぼう》ぜん者は毒《どっ》鼓《く》の縁《えん》となって仏になるべきなり。

（新697ページ・全552ページ）

【通解】とにもかくにも法華経を強《し》いて説き聞かせるべきである。信じる人は仏になり、誹《そし》る者は毒《どっ》鼓《く》の縁《えん》となって仏になるのである。

【背景】本抄は建治《けんじ》3年（1277年）、日蓮大聖人が56歳の時に身延で著《あらわ》されたとされる。内容から、かつて念仏を唱えていた女性門下か、あるいは、いまだ念仏への未練《みれん》を残している女性に対して、法華経信仰の基本を教えられた書であると推測される。

本抄は問答形式で展開され、信仰の核心に当たる唱題の深義と功徳を示すとともに、相手の機根《きこん》や反応に翻弄《ほんろう》されることなく、積極果敢に仏法を説いていくことを教えられている。

【解説】〝せっかく法華経を説き聞かせても、信じようとしない人は、かえって正法を誹謗《ひぼう》し、その罪で悪道に堕《お》ちてしまうのではないか〟――今回学ぶ御文は、日蓮大聖人が、門下が抱《いだ》くであろう疑念《ぎねん》を思いやられ、つづられた箇所である。

まず大聖人は、どんな人に対しても「強《し》いて説き聞かせるべきである」と断言される。「強いて」とは、〝強引《ごういん》に〟ではなく、〝あえて〟との意味である。相手の反応に右往左往するのではなく、自《みずか》ら進んで、〝あえて〟正義を語っていく。これが、大聖人が示される対話の姿勢である。

それはなぜか。続く御文で大聖人は、法華経を素直に信じる者は、そのまま成仏できることに加え、反対に誹謗中傷《ちゅうしょう》する者も、それが「毒鼓《どっく》の縁《えん》」となって仏になると記されている。「毒鼓」とは、毒を塗《ぬ》った太鼓のことで、涅槃経《ねはんぎょう》には、この音を聞く者は皆、死に至ると説かれている。ここでいう「死に至る」とは、「煩悩《ぼんのう》が死ぬ」ことの譬《たと》えで、相手の好むと好まざるとにかかわらず、正法を耳にすれば、必ず成仏に至ることを教えられているのである。本抄には、「法華経を耳にふれぬれば、これを種として必ず仏になるなり」（新697ページ・全552ページ）ともつづられている。私たちが日々、実践する対話運動は、相手の生命にある仏性《ぶっしょう》を呼び覚ます最極《さいごく》の善縁《ぜんえん》となると強く確信したい。

よって対話の根本にあるのは、どこまでも相手の幸せを第一に思う慈悲にほかならない。だからこそ、〝あえて〟とは言っても、こちらの意見を一方的に押し付けて事足《ことた》れりとする強引な行動であってはならない。疑問や質問に真摯《しんし》に向き合い、納得と共感を抱いてもらえるよう、粘り強く語っていく姿勢が重要になる。

時には、なかなか友人に思いが伝わらなかったり、反発されたりすることがあろう。しかし大事なことは、そうした反応も受けとめながら、思いやりをもって正義を語れるかどうかである。信心の眼《まなこ》で見れば、誠実に語り抜いた事実こそが、自身の福徳となるのはもちろん、相手を幸福の軌道《きどう》へと導《みちび》くことになるからである。

池田先生は、19歳の入信以来、果敢に対話に挑《いど》んでこられた。心を込めて書いた手紙を全部送り返されたことや、〝どうして、こんなに仏法を求めている人が少ないのか〟との思いを、日記につづられたこともある。それでも先生は、出会った人たちの幸福を祈り、誠実に対話と交流を続けられた。その中で弘教《ぐきょう》が実《みの》った時の喜びや、一つ一つの語らいが全《すべ》て黄金の財産となり、後に〝世界の知性〟との対話に生かされたことを教えてくださっている。

池田先生はつづっている。

「強いて、仏法の正義を訴えていくのである。相手の反応がどうあれ、妙法に縁させることが大事なのだ」

「『強いて』語るためには、何よりもまず、自分の臆病《おくびょう》な心、弱い心を打ち破らねばならない。そうであってこそ、勇気をもって、悠然と楽しく対話ができる。その結実は、真心と執念で決まる」

師の闘争に連《つら》なる誇り高き池田門下として、一段と勇気と執念の炎を燃え上がらせ、自己の限界を破る対話拡大を果たそう！

TALKテーマ

対話拡大

Q 〝幸せそう〟な友人にも語るべき?

A 誰もが無限《むげん》に向上《こうじょう》できる

橋川ニュー・リーダー　同窓会で再会した友達をSNSでフォローしたら〝リア充〟な写真ばかりだったんです。仕事で海外を回ってるとか、休みの日にバイクでツーリングしてるとか。いかにも充実してるって友達に、まだまだ未熟な僕が仏法対話するのは、正直、気が引けます。

新井区男子部長　〝映《ば》える〟写真って、いいよね。でも心の中までは見えないよ。僕も高校の同級生と話したんだけど〝SNS疲《づか》れしている〟と言ってた。きれいな写真をたくさん投稿して充実してるように見せてる半面、職場の上司との関係で悩んでることを打ち明けてくれたんだ。

橋川　確かにSNSで相手の気持ちまでは読み取れないですね。でも「毎日楽しくて悩みはない」って言われたら、何も言えないです。

新井　宗教は悩んでる人のものって思ってる？　仏法は全《すべ》ての人が、あらゆる状況で〝より幸せに〟〝さらに前へ〟と向上し続ける生き方を教

登場人物
新井区男子部長：学会3世の38歳。後輩の育成に全力を注ぐ、信頼厚きリーダー。
橋川ニュー・リーダー：美容師。「夢をかなえたい」と男子部大学校に入校した25歳。

えている。池田先生は「大聖人の仏法は『無限の向上』の大法である。飛行機が離陸して、上へ上へと飛んでいくように、今日より明日へ、明日よりあさってへと、どこまでも向上していく力が、妙法なのである」と言われてるよ。

橋川　今がいい状態の人も〝無限にアップデートし続ける〟みたいなものですか。

新井　面白い表現だね。〝よりよく生きる〟人間革命の軌道が、信心だと思う。その軌道は対話をすることで、他人にも広がっていくんだ。御書に「『喜』とは、自他共に喜ぶことなり」（新1061ページ・全761ページ）とある通りだね。

橋川　自分も他人も一緒に喜ぶってことですか？

新井　そう！　池田先生は言われているよ。「折伏《しゃくぶく》とは、相手を論破するとか、打ち負かすことではありません」「他者の誰かを折伏しつつも、実は、自分自身の無明《むみょう》、煩悩《ぼんのう》を折伏しているのです。だから、悩みに負けない、強い自分になれる」「自分から他者に関わり、他者に呼びかけていくのです」。自分がどういう状況であれ、友達がどうあれ、対話を重ねていくことで、お互《たが》いが成長し、向上していける。そうやって人と触れ合い、相手が幸せになるのを見られることは、僕自身も本当にうれしいと感じるよ。

橋川　最高の関係ですね！

新井　橋川君もこの先、その喜びを必ず感じられるよ。時には、無理解からくる批判とか悪口もあるかもしれない。でも悲しむ必要はない。人を幸せにできる人こそが、本当に幸せな人なんだ。

橋川　そうですね。信心の話や自分の生き方を友人に真っすぐに語っていきます！

ONE GOSHO
9

妙《みょう》密《みつ》上《しょう》人《にん》御《ご》消《しょう》息《そく》――賛《さん》嘆《たん》の心に福《ふく》徳《とく》輝《かがや》く

御文

金《こがね》はやけ《焼》ばいよいよ色《いろ》まさ《勝》り、剣《つるぎ》はとげ《研》ばいよいよ利《と》くなる。法華経の功徳《くどく》は、ほむれ《讃》ばいよいよ功徳まさる。二十八品《ぽん》は正《まさ》しきことはわず《僅》かなり、讃《ほ》むる言《ことば》こそ多く候《そうら》えと思《おぼ》しめすべし。

（新1713ページ・全1241ページ）

【通解】金は、焼けばいよいよ色が良くなり、剣は、研《と》げばいよいよよく切れるようになる。（同じように）法華経の功徳をたたえるなら、ますます功徳が勝《まさ》っていく。（法華経）28品は、法理の真髄《しんずい》を説くところは、わずかであるが、たたえる言葉こそ多くあることを、心得《こころえ》ていきなさい。

【背景】本抄は建治《けんじ》2年（1276年）閏《うるう》3月、日蓮大聖人が身延で著《あらわ》され、鎌倉の妙密上人《みょうみつしょうにん》に送られたお手紙である。妙密上人について詳《くわ》しくは明らかになっていないが、信心強盛《ごうじょう》な門下であったと考えられている。また、本抄の内容から、夫妻で信心に励《はげ》み、折あるごとに大聖人に御供養を届けた、功労の弟子であることがうかがえる。

本抄では、大聖人をお守りする妙密上人の志《こころざし》自体が、日本国に法華経の題目を弘めていることに等しく、その功徳は妙密上人の身に集まり、諸天善神から必ず守護されると仰《おお》せになっている。

【解説】金が輝《かがや》きを増し、剣がより鋭《するど》くなる。この二つの譬《たと》えを日蓮大聖人は、〝功徳が勝《まさ》る〟ことに重ねられている。

金が輝くには精錬《せいれん》が必要であり、剣が鋭さを増すには「研《と》ぐ」ことが欠かせない。同じように、妙法を実践する功徳がますます豊かになるのは、法華経の功徳を「たたえる」からであると、大聖人は教えられている。

この「たたえる」ことの意義を御教示されているのが、「二十八品《ぽん》は正《まさ》しきことはわずかな《僅》

り、讃《ほ》むる言《ことば》こそ多く候《そうら》えと思《おぼ》しめすべし」との一節である。

「二十八品」は、法華経28品を指す。法華経には、28品全体を通じて、仏や法華経そのものを賛嘆《さんたん》する言葉が数多くつづられている。一方で、「正しきこと」、すなわち法理の真髄《しんずい》が述べられた箇所はわずかである。

万人成仏の法理は法華経の文の底に秘められており、その肝要《かんよう》を南無妙法蓮華経として顕《あらわ》されたのが大聖人である。

ゆえに、法華経は、南無妙法蓮華経の偉大さをたたえる経典だと言える。法華経の真髄である南無妙法蓮華経を称賛《しょうさん》する心に、無量の福徳があふれるのである。

それでは、私たちにとって「法華経の功徳をたたえる」実践とは何であろうか。具体的には、信心の喜びや功徳の体験を周囲の友に語っていくことである。

友人と対話することで、福徳が積まれていく。相手がどんな反応をしようとも、積まれる功徳は全《まった》く同じである。そして、下種《げしゅ》仏法であるがゆえに、相手の生命にまかれた妙法の種が、必ず幸福の大輪《たいりん》を咲かせていくことは間違いない。

また、広布に生きる同志を尊敬し、励ましていくことも「法華経の功徳をたたえる」ことに通じる実践である。

皆が互《たが》いにたたえ合い、励まし合っていく――。そこから、生きる希望と困難に挑《いど》む勇気が湧《わ》き出ることは、多くの学会員が体験してきた事実である。

今回の拝読御文に照らせば、そうした「たたえる」実践の一つ一つが、法華経の真実を伝え広げていくことであると言えよう。

池田先生は語っている。

「頑張っている人を、たたえればたたえるほど、自身にも組織にも『福運』と『勢い』がつく。仏子を『ほめたたえる心が強い』ことが、『仏界が強い』証拠でもある。『御本尊をたたえ、広宣流布の勇者をたたえることのできる人』が『仏界の強い人』である」

人生は悩みと葛藤《かっとう》の連続である。先行きの見えない時代にあって、私たちは、険難《けんなん》の峰《みね》に挑み、価値創造の実証《じっしょう》を打ち立てている。そこには、一人一人が自分自身の壁に挑み、広布のために奮闘してきた、それぞれのドラマがある。

苦難と向き合い、立ち向かっていく、互いの挑戦そのものを心からたたえ合いながら、福運あふれる境涯《きょうがい》を開いていきたい。

TALKテーマ
弘教《ぐきょう》

Q 信心の体験がありません
A ありのまま率直《そっちょく》に語ることが大切

中村区男子部大学校団長 先週の会合は皆の熱意がすごかったね。僕も大学校生と一緒に頑張ろうと改めて決意したよ。木邑《きむら》君は仏法対話に挑戦したって言ってたね！

木邑ニュー・リーダー 初めて友達に学会の話をして、会合に誘《さそ》ってみたんですけど、断られちゃいました。学会が世界中に広がっているとか、池田先生が各界の一流の方々と対話をしてこられたとか、〝すごいね〟とは言ってくれたんですけど、〝信心する気はない〟と言われてしまって……。

中村 勇気を出して対話したこと自体、すごいことだよ！ 相手が信心する「発心下種《ほっしんげしゅ》」も、聞いても信心しない「聞法下種《もんぽう》」も、妙法を伝えた功徳は同じだからね。

木邑 僕には〝大病を乗り越えた〟とか〝経済革命した〟とか、大きな信心の体験がないから、折伏《しゃくぶく》がうまくいかないんじゃないかと思うん

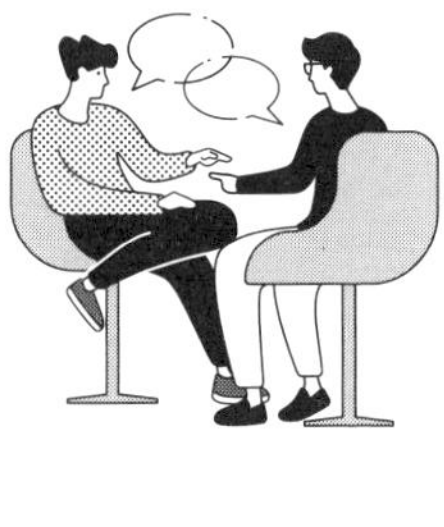

登場人物
中村区男子部大学校団長：20歳の時に入会。情熱に燃える新進気鋭のリーダー。34歳。
木邑ニュー・リーダー：男子部大学校生。アパレル店で働く24歳。

ですが……。
中村　その気持ち、分かる！　僕も大学校時代に折伏を始めた時に、同じように悩んだよ。その時、先輩から「立派な話をしようと肩肘《かたひじ》を張る必要はないんだ。自分が〝信心して良かった〟と感じた率直《そっちょく》な気持ちを、ありのまま友人に語ることが大切じゃないかな。〝立派な誰か〟の話より、〝身近な中村君〟の等身大《とうしんだい》の思いこそが、友人の心に最も響《ひび》くと思うよ」ってアドバイスされたんだ。
木邑　そうだったんですね。
中村　折伏は「難事中《なんじちゅう》の難事」だからね。池田先生は、折伏がなかなかできないと悩む友に、「どんなことでも、最初から、うまくいくことはない」「私も、若い時は、試行錯誤《しこうさくご》の連続でした。しかし、それは、将来の成功のための土台です。何があっても、粘り強く、朗《ほが》らかに、愉《ゆ》快《かい》に挑戦していくことです。〝愉快王〟でいこうよ」と激励されているよ。
木邑　池田先生も悩まれたんですか⁉
中村　そう。僕もね、かつて対話が実《みの》らずに悩んでいた時、当時の団長から「大事なのは諦《あきら》めない心だよ」って言われたことがあるよ。そして、「いまだこり《懲》ず候《そうろう》。法華経は種のごとく、仏はう《植》えて《手》のごとく、衆生《しゅじょう》は田のごとくなり」（新1435ページ・全1056ページ）との御文を拝して、「いつ芽が出るか分からないけど、『いまだこりず候』との思いで、種をまき続けよう！」って激励してくれたんだよ。大変だった分、初めて弘教が実った時は、めちゃくちゃうれしかった。その大学校時代の折伏が、信心の大きな原点なんだ。
木邑　僕も諦めずに挑戦していきます！
中村　すごいね！　一緒に頑張ろう！

第3章

社会で実証を示す

ONE GOSHO

10

四《し》条《じょう》金《きん》吾《ご》殿《どの》御《ご》返《へん》事《じ》（煩《ぼん》悩《のう》即《そく》菩《ぼ》提《だい》の事《こと》）——困難を勝利の飛《ひ》躍《やく》台《だい》に

御文

法華経の信心をとお《通》し給《たま》え。火をき《切》るに、や《休》すみぬれば火をえ《得》ず。強盛《ごうじょう》の大信力《だいしんりき》をいだ《出》して、「法華宗《ほっけしゅう》の四条金吾《しじょうきんご》、四条金吾」と、鎌倉中《かまくらじゅう》の上下万人《じょうげばんにん》、乃至《ないし》日本国の一切衆生《いっさいしゅじょう》の口にう《謳》たわれ給え。

（新1522ページ・全1117ページ）

【通解】法華経の信心を貫《つらぬ》き通しなさい。火を起こすのに、途中で休んでしまったなら火を得ることはできない。強盛《ごうじょう》の大信力《だいしんりき》を出して、「法華宗の四条金吾、四条金吾」と、鎌倉中の上下万人をはじめとして、日本国の一切衆生の口にうたわれていきなさい。

【背景】本抄は、日蓮大聖人が佐渡流罪中の文永《ぶんえい》9年（1272年）5月に著《あらわ》され、鎌倉の門下の中心者である四条金吾《しじょうきんご》に送られたお手紙で、別名を「煩悩即菩提《ぼんのうそくぼだい》の事」という。

本抄の冒頭で「日蓮が諸難について御《おん》とぶらい、今にはじめざる志《こころざし》、ありがたく候《ぞうろう》」（新1520ページ・全1116ページ）と記されていることから、鎌倉から遠路はるばる佐渡まで大聖人を訪ねてきた金吾が鎌倉に帰った後、訪問のお礼の意を込めてつづられたと推察《すいさつ》される。

本抄では、「南無妙法蓮華経」はわずか七字であっても、天台《てんだい》・伝教《でんぎょう》等の法門より一重《いちじゅう》立《た》ち入《い》った深い法門であり、あらゆる仏を成仏させた究極の法であり、一切衆生《いっさいしゅじょう》の仏性《ぶっしょう》を開く根源の法であることを教えられている。

【解説】本抄を送られた当時、日蓮大聖人とその門下は、まさに窮地《きゅうち》といえる状況にあった。

文永8年（1271年）9月12日、大聖人は幕府権力からの弾圧である「竜の口の法難」に遭《あ》われ、その後、死罪に匹敵《ひってき》するような佐渡への流刑《るけい》に処された（佐渡流罪）。

行き着いた佐渡・塚原の地で、大聖人に与えられた住居は荒れ果てた三昧堂《さんまいどう》（葬送《そうそう》用の堂）。

厳寒《げんかん》にさらされ、衣類・食料の欠乏《けつぼう》など、厳しい環境下に置かれた。「竜の口の法難」と「佐渡流罪」は、命にも及ぶ最大の迫害であった。さらに弾圧は門下にも及び、追放や所領没収《ぼっしゅう》などの処分を受けた弟子たちの多くが、大聖人の仏法に疑いを起こして退転していく。

日本社会も混沌《こんとん》としていた。同5年（1268年）、蒙古《もうこ》（モンゴル帝国）への服属《ふくぞく》を求める国書が幕府に届く。同9年（1272年）には、北条一門の内乱が起こり、鎌倉と京都で戦闘が行われる（二月騒動《そうどう》）など、国中で不安と緊張が増していた。

その中で、不退転《ふたいてん》の信心を貫《つらぬ》いたのが四条金吾だった。竜の口の法難では、自身の命を顧《かえり》みず、処刑の場に向かう大聖人にお供し、その後も大聖人の流罪地・佐渡を訪ねるなど、師を支《ささ》え、守り抜いたのである。

弟子たちが置かれた状況を踏まえ、大聖人は今回の御文で、「法華経の信心をとおし《通》給《たま》え」と仰《おお》せになっている。何があっても、御本尊への信と祈りを貫き通す、「持続の信心」の大切さを示されたのである。〝摩擦熱《まさつねつ》で火を起こすためには、休みなく作業しなければならない〟という例を挙げ、信心もまた、途上で手を抜くことなく、地道に実践を貫くことが大切であると述べられている。

さらに、「強盛《ごうじょう》の大信力《だいしんりき》」を奮《ふる》い起こして、弾圧が続く鎌倉で、そして国中で、「法華宗《ほっけしゅう》の四条金吾、四条金吾」と称賛《しょうさん》される存在になりなさいと呼び掛けられている。

社会の厳しい現実から逃げるのではなく、戦い、勝つのだ!――信心根本に苦境を打開し、仏法の力を証明するよう、真心の励《はげ》ましを送られた箇所である。

現代の私たちに当てはめれば、混迷する社会の荒海の中で、「創価学会の○○さん」として、周囲から信頼され、希望と安心を広げる人間に成長する生き方を教えられた、大切な指標である。

妙法を持《たも》ち、実践する人には必ず障魔《しょうま》が競《きそ》い起こる。苦境の中でこそ強盛な信心を燃え上がらせ、創価の誇りに胸張り挑戦を続ける姿は、日蓮仏法が教える「勇気」「負けじ魂《だましい》」の何よりの証明だ。その弟子の奮闘と幸福・勝利を、師匠は祈り、見守り続けている。

池田先生は小説『新・人間革命』の中で「常に困難はある。それを飛躍台《ひやくだい》に転じてこそ、勝利の栄冠は輝《かがや》く。障害を前にした時、自分自身が試される」とつづっている。

激動する社会の中で、私たちは師弟直結の信心で、あらゆる苦難をバネにして人間革命の実証《じっしょう》を示していきたい。

TALKテーマ

仕事と信心

Q　仕事を辞《や》めたい
A　信心根本に価値的な道へ

高松ニュー・リーダー　新井さん、実は、仕事を辞《や》めようか悩んでるんです。

新井区男子部長　どうしたの？　うまくいってないの？

高松　今の職場は、転職する時から〝残業が多い〟って聞いてはいたんですけど、やりがいのありそうな内容だったから頑張れるだろうと思って入社したんです。でも、ちょっと予想以上で、もしかしたら〝ブラック企業〟なんじゃないかって……。

新井　そうか。高松君は最近、家に帰るのもかなり遅いよね？

高松　毎日帰るのは、だいたい終電です。休日も、呼び出されれば出勤しなくてはならないんです。

新井　睡眠《すいみん》時間は大丈夫なの？

高松　4時間なら良い方ですかね。でも、最近は寝ても疲《つか》れが取れなくて、しんどいなって

登場人物　**新井区男子部長**：学会3世の38歳。後輩の育成に全力を注ぐ、信頼厚きリーダー。
高松ニュー・リーダー：社会人5年目の27歳。2年前に転職し、会社員として奮闘中。

……。

新井　それだけ働いたら、体を壊《こわ》しちゃうよ。

高松　「職場の第一人者」を目指して、今いる場所で信心の実証《じっしょう》を示していくのが大切だって教わったんですけど、やっぱり、今の仕事を辞めるっていう選択は〝逃げ〟とか〝負け〟になるんですか？

新井　確かに「御《おん》みや《宮》づ《仕》かいを法華経とお《思》ぼしめせ」（新1719ページ・全1295ページ）とあるように、信心の眼《まなこ》から職場を〝鍛《きた》えの場〟と捉《とら》えて、信頼を勝ち取っていく主体的な努力は大切だよね。でも、無茶をして健康を害し、結局働けなくなったら、元も子もないよね。どこまでも「仏法と申すは道理なり」（新1590ページ・全1169ページ）だから、人生を価値的にしていくのが僕らの信心なんだ。〝広宣流布のために〟と真剣に祈って、努力した上で、高松君自身が〝新天地で頑張る〟と決めたのなら、それは〝逃げ〟や〝負け〟ではないと思う。

高松　少しほっとしました。ずっと〝辞めたらダメなんじゃないか〟って思ってたんです。

新井　それはつらかったね。池田先生は「職業が『自分に合っている』『合っていない』を判断し、次の職業を決断することにも、決して反対はしない。問題なのは、主体性がなくなって、流されてしまうことです」と語られている。仕事を続けるのも転職するのも、決めるのは、あくまで自分自身。一番良い道を見つけようと〝智慧を湧《わ》かせる祈り〟に徹《てっ》することだよ。どう決断しても使命の職場にしていけるのが、信心の力なんだ！

高松　そうですよね。全《すべ》てを懸《か》ける思いで祈っていきます！

ONE GOSHO

11

観《かん》心《じんの》本《ほん》尊《ぞん》抄《しょう》──仏法の眼《まなこ》を磨《みが》き抜《ぬ》く

御文

天《てん》晴れぬれば地《ち》明らかなり。法《ほっ》華《け》を識《し》る者は世《せ》法《ほう》を得《う》べきか。

（新146ページ・全254ページ）

【通解】天が晴れるならば、地はおのずから明らかとなる。同様に、法華経を知る者は世間の法をも、おのずから得るであろう。

【背景】 本抄は文永《ぶんえい》10年（1273年）4月25日、日蓮大聖人が52歳の時、流罪の地・佐渡の一谷《いちのさわ》で御述作になり、下総国《しもうさのくに》（千葉県北部などの地域）の中心的な門下・富木常忍《ときじょうにん》に宛てて送られた。「観心本尊抄《かんじんのほんぞんしょう》」は略称であり、正式な題号は「如来滅後五五百歳始観心本尊抄《にょらいのめつごごのごひゃくさいにはじむかんじんのほんぞんしょう》」である。

大聖人は、佐渡到着直後から執筆について考えられていた「開目抄《かいもくしょう》」を文永9年（1272年）2月に四条金吾《しじょうきんご》に託して、迫害に耐《た》えながら信仰を続ける門下一同に与え、励《はげ》まされた。その翌年に執筆されたのが本抄である。両抄は、佐渡で著《あらわ》された御書の中でも最重要の書である。

本抄では、末法の凡夫《ぼんぷ》が行うべき成仏のための修行を明かした「受持即観心《じゅじそくかんじん》」の法門を示され、南無妙法蓮華経の御本尊を信によって受持することで観心の修行を成就《じょうじゅ》し、成仏することができると明かされている。

【解説】 今回の御文は、本抄の結論部分の一節である。この直前では、日蓮大聖人の御在世《ございせ》当時に相次いで起こった二つの災難（「正嘉《しょうか》の大地震」と「文永の大彗星《だいすいせい》」）に触れられている。

甚大《じんだい》な被害を及ぼしたり、人々の心を動揺させたりする、こうした現象について、大聖人は、地涌《じゆ》の菩薩《ぼさつ》が出現する「先兆《せんちょう》（前触れ、兆《きざ》し）」であると述べられ、今こそ、民衆のための大仏法が広宣流布する時にほかならないと説かれている。

続いて、今回の拝読御文を記された。太陽の光が降《ふ》り注《そそ》げば大地が照らされ、さまざまな物ごとが明らかになることを譬《たと》えとして、「法華を識《し》る」――妙法を信じ、行ずることによって、「世法《せほう》を得《う》べき」――現実社会の事象の本質を見極められるようになると仰《おお》せである。

私たちの日常に即して拝するなら、信仰を実践することで、仕事や生活などのあらゆる営《いとな》みで知恵を発揮し、勝利の実証《じっしょう》を示していくことができると教えられている。

仏法は、人生をより良い方向へと導《みちび》く哲学であり、現実の社会や生活を離れては存在しない。この「信心即生活」「仏法即社会」の哲理に即せば、個人の生活や人生だけでなく、政治、経済、文化、教育など社会のあらゆる次元が、仏法の反映にほかならない。

だからこそ、日々、信心に励む創価の同志は、社会や家庭を舞台に、自身を錬磨《れんま》しゆく生涯を歩んでいくことができるのである。

小説『新・人間革命』第30巻〈下〉「誓願」の章では、1993年2月、山本伸一がブラジルの同志に、仏法と社会生活について言及する場面が描《えが》かれている。

戸田先生が本抄を通して、「ご利益があるんだというような読み方は、断じて間違いであることを、知らなくてはならない」「自分の商売に対して、絶えざる研究と、努力とが必要である。吾人《ごじん》の願いとしては、会員諸君は、一日も早く、自分の事業のなかに、〝世法を識《し》る〟ことができて、安定した生活をしていただきたい」と指導されたことを紹介した上で、伸一はこう語る。

「今、世界的に不況《ふきょう》の風は厳しい。しかし、私たちは、それを嘆《なげ》くだけであってはならない。『信心』によって、偉大な智慧と生命力を発揮して、見事に苦境を乗り切ってこそ、『世法を識る者』といえます」

「信心しているからこそ、当面する課題をどう解決していこうかと、真剣に祈り、努力する――その『真剣』『挑戦』の一念から最高の智慧が生まれる」

いかなる環境の変化にも動じず、深い次元から一つ一つの事象を見抜く仏法の眼《まなこ》を磨《みが》き、信心根本に生き抜くことこそ、あらゆる困難を乗り越えるための要諦《ようてい》である。私たちは祈りと真心の励ましに挑《いど》み抜き、その中で社会における実証を示していきたい。

TALKテーマ

仕事の悩み

Q　今の職場で働き続けるか悩んでいます

A　〝いい決断をした〟と思えるかどうか

中村区男子部大学校団長　こんばんは！

佐藤ニュー・リーダー　こんばんは……。

中村　あれ？　ちょっと元気なさげだね。

佐藤　実は仕事で悩んでまして……。最近、テレワークが増えたんですけど、3カ月たって、だいぶ孤独を感じてるんです。もともと先輩からの風当たりが強かったんですけど、電話すると毎回、ささいなことでも怒鳴《どな》られて、オンライン会議でも皆の前で嫌《いや》みを言われて……。職場だったら、終わった後にフォローしてくれる先輩がいるんですけど、オンラインだとそれもなくて。なんかもう、仕事を変えた方がいいかなって。

中村　それは、つらいね……。僕も昔、職場の人間関係に苦しんで、転職しようか悩んでね。夜も寝られないし、通勤の時は動悸《どうき》がするし。昼休みは、トイレにこもって心で題目を唱えたりして。

登場人物
中村区男子部大学校団長：20歳の時に入会。情熱に燃える新進気鋭のリーダー。34歳。
佐藤ニュー・リーダー：社会人3年目の24歳。テレワークが続き、在宅時間が多くなってきた。

佐藤　それで、転職されたんですか？

中村　今はヒミツにしておくよ。この問題は〝自分で決める〟ことが大切なんだ。佐藤君は今、続けるかやめるか、誰かに背中を押してほしいって感じてない？　僕はそうだった。でも、少し違うなと気付いたんだ。御書に「『衆生《しゅじょう》の心け《汚》がるれば土《ど》もけがれ、心清ければ土も清し』とて、浄土《じょうど》といい穢土《えど》というも、土に二つの隔《へだ》てなし、ただ我らが心の善悪によると見えたり」（新317ページ・全384ページ）とある。仏の住む清らかな国土も、煩悩《ぼんのう》で穢《けが》れた国土も、別の場所ではなく、僕ら自身の心の善悪によってその違いが現れるという意味だ。

佐藤　自分次第ってことですか？

中村　一言で言えばね。でも、それは〝もっと根性を出そう〟という意味じゃない。残るにせよ、転職するにせよ、しっかり悩んで祈った上で〝いい決断をした〟と思えるかどうかなんだ。そのためにも、まずは佐藤君の心身の健康を第一に考えよう。

佐藤　そうですね。

中村　題目を唱えて学会活動に励《はげ》めば、生命力が湧《わ》く。池田先生はこう教えてくださっているよ。「『自身』が変われば『世界』が変わる。『わが一念の変革』が、すべての変革の鍵《かぎ》なのです。これが『人間革命』です」と。

佐藤　ちゃんと自分の一念と向き合ってみます。

中村　こうやって相談してくれたことが、すごくうれしいよ。学会の先輩や仲間の「善知識《ぜんちしき》」に悩みを打ち明けることで、視野が広がり、決意でき、さらに大きな自分を築《きず》ける。相談することで、実は自立できるんだ。人生の難問にぶつかる時ほど、一人で悩まず、皆と一緒に乗り越えよう！

ONE GOSHO
12

崇峻天皇御書《すしゅんてんのうごしょ》（三種財宝御書《さんしゅざいほうごしょ》）

――一日一日を悔《く》いなく

御文

人身《じんしん》は受けがたし、爪《つめ》の上の土。人身は持《たも》ちがたし、草の上の露《つゆ》。百二十まで持って名をくたし《腐》て死せんよりは、生きて一日なりとも名をあげ《上》んことこそ大切なれ。

（新1596ページ・全1173ページ）

【通解】人間に生まれることは難しく、爪の上の土のようにまれであり、その身を全《まっと》うするのは難しく、草の上の露《つゆ》のようにはかない。120歳まで長生きしても悪い評判を残して終わるよりは、生きて一日でも名をあげることこそ大切である。

【背景】本抄は建治《けんじ》3年（1277年）9月11日、日蓮大聖人が身延の地から鎌倉の四条金吾《しじょうきんご》に与えられたお手紙である。別名を「三種財宝御書《さんしゅざいほうごしょ》」という。

本抄が送られる以前、金吾は、桑ケ谷《くわがやつ》問答を巡る讒言《ざんげん》（事実無根の訴え）を信じた主君の江間氏から疎《うと》まれるようになり、〝法華経の信心を捨てなければ、所領を没収《ぼっしゅう》する〟と迫《せま》られていた。しかし金吾は不退転《ふたいてん》の信心を貫《つらぬ》き、大聖人の御指導通りに誠実な振る舞いに徹《てっ》した。そうした中、江間氏が病《やまい》に倒れ、医術の心得《こころえ》のあった金吾が治療に当たることになる。その報告に対する返信が本抄である。

大聖人は、主君からの信頼を回復する大事な時だからこそ油断してはならないと示され、賢人としての生き方を教えられている。

【解説】「爪《つめ》の上の土」「草の上の露《つゆ》」――日蓮大聖人は本抄で、比喩《ひゆ》を通して、人間としてこの世に生まれ、生き抜くことは難しく、人生は、はかないゆえに尊《とうと》いことを示された。

そして、かけがえのない一生であるからこそ、一瞬一瞬を大切に、価値ある人生を送るよう御教示されている。

続いて大聖人は、長寿を表す「120歳」を指標に用《もち》いながら、ただ長生きすることよりも、「いかに生きるか」が重要であると仰《おお》せである。人生の価値は、長短だけでは決まらない。たとえ短くとも、「名をあげて」生きるよう、御指南されているのである。

ここでいう「名をあげる」とは、社会的地位や名声を求める生き方ではない。正法を持《たも》った一人の人間として、周囲の人々から信頼され、たたえられることである。

今回の御文の直後で大聖人は、①主君に仕えること②仏法に尽《つ》くすこと③世間における心掛け——の3点において、鎌倉の人々に「大変に素晴らしい」とうたわれるようになりなさい、と仰せである。

磨《みが》き上げた人格の輝《かがや》きで、「あの人は立派だ」「素晴らしい」と賛嘆《さんたん》される生き方——それこそが、「仏法即社会」の実証《じっしょう》であるといえよう。苦境の中で本抄を受け取った四条金吾は、大聖人の御指導通り誠実に、病にかかった主君の治療に当たった。そして再び信頼を得て、後には、新たな所領を得る。

広宣流布のため、同志を励《はげ》まし、自身の人間革命に挑《いど》み、社会で奮闘する日々もまた、御聖訓通りの「名をあげる」一日一日にほかならない。

2020年に新型コロナウイルスの感染が拡大して以降、学会活動においても思うようにいかない場面もあった。それでも全世界の学会員は、オンラインも駆使《くし》しながら、周囲に励ましを送り続け、自他共の幸福への歩みを止めることは決してなかった。未曽有《みぞう》の危機を前にしても、負けじ魂《だましい》を燃え上がらせて、職場や地域で奮闘を重ねてきた。

その一日一日が生命に無上の福徳《ふくとく》を積み、必ず勝利の花を咲かせゆくことを、確信して進みたい。

池田先生は語っている。

「広宣流布のために流した労苦の汗こそ一番、尊い。その人こそ、生々世々、あらゆる人々から喜び慕《した》われ、敬愛されゆく大境涯《だいきょうがい》を開いていける。また、まことの信心に徹しゆく人には、教養も、品格も、福徳も、すべてが最高に備《そな》わってくる」

広布への挑戦を皆でたたえ合いながら、いかなる逆境にあっても、信心根本に、「だからこそ」との思いで、自身の目標へ勢いよく前進したい。

一日一日を悔《く》いなく生き抜き、周囲に希望を送る存在となり、池田先生と共に「黄金の日記文書《もんじょ》」をつづりゆこう。

TALKテーマ

信心即生活

Q　生活リズムが崩《くず》れてしまって……

A　朝晩の勤行・唱題で張《は》りのある日々を

（ピンポーン！）

高橋ニュー・リーダー　中村さん、お待ちしてました！　どうぞ、上がってください。

中村区男子部大学校団長　こんにちは！　貴重な休みの日にありがとう。久々にゆっくり会えてうれしいよ。

高橋　部屋が散らかっていて、すみません。

中村　いやいや、僕も一人暮らしの時に同じような状況だったよ。新聞も半年分は、たまっていたかな（笑い）。

高橋　そうなんですか。僕は部署が変わって「在宅勤務」が増えてから、なんだか生活リズムが崩《くず》れてしまって……。

中村　もしかすると、朝晩の勤行が抜けてしまうこともあるんじゃない？

高橋　えっ、何で分かったんですか！（汗）

中村　「信心即生活」っていってね、信心に励《はげ》む姿勢が、そのまま生活に表れるんだよ。部屋の

登場人物　**中村区男子部大学校団長**：20歳の時に入会。情熱に燃える新進気鋭のリーダー。34歳。
高橋ニュー・リーダー：IT企業勤務の25歳。就職を機に一人暮らしを始めた。

様子を見て、ひょっとしたら信心のリズムが乱れているんじゃないかと思ってさ。

高橋　実は最近、なかなか題目があがらないんです。通勤時間が減って自由に使える時間が増えたはずなのに、仕事もいまいち、はかどらないし、メリハリがつかないというか……。

中村　仕事や生活に〝張り〟が感じられなくなったのも、信心の姿勢に原因があるんじゃないかな。日蓮大聖人は、「天晴《てん》れぬれば地《ち》明らかなり。法華《ほっけ》を識《し》る者は世法《せほう》を得《う》べきか」（新146ページ・全254ページ）と言われている。太陽が昇った瞬間、パッと大地が明らかになるように、信心が確立されると世間の道理が分かるようになってくるんだ。僕も昔、仕事で多忙な時に生活リズムが乱れてしまったことがあってね。いくら時間をかけても、仕事の区切りがつかなかったんだ。でも、地区の壮年部の人に激励されて、日々の勤行に挑戦するようになってから、周りの人に協力を仰《あお》げるようになったりして、無理だと思っていた仕事の目標を達成することができたんだ。

高橋　信心の姿勢が変わると仕事にもいい変化が出るんですね！

中村　池田先生は、「真剣な祈りから出発する。そして、これ以上ないという努力を重ね、死力を尽《つ》くす。これが『信心即生活』の生き方です。そこに、諸天も動くのです」と語られた。一人で難しいなら、今日から一緒に〝同盟唱題〟しようか。

高橋　ありがとうございます。まずは祈ってみます！

中村　よし、その前に、一緒に部屋を掃除しようか！（笑い）

ONE GOSHO
13

南《なん》条《じょう》殿《どの》御《ご》返《へん》事《じ》 ―― 平和の楽《らく》土《ど》を築《きず》く挑戦
（法《ほう》妙《みょう》人《にん》貴《き》の事《こと》）

御文 かかる不思議なる法華経の行者《ぎょうじゃ》の住処《じゅうしょ》なれば、いかでか霊山《りょうぜん》浄土《じょうど》に劣《おと》るべき。「法妙《みょう》なるが故に人貴《にんたっと》し。人貴きが故に所尊《たっと》し」と申すはこれなり。

（新1924ページ・全1578ページ）

【通解】このように不思議な法華経の行者の住処《すみか》であるから、どうして霊《りょう》山浄土《ぜんじょうど》に劣《おと》ることがあるだろうか。『法華文句』に「法が妙であるがゆえに、その法を持《たも》った人は貴《とうと》い。人が貴いがゆえに、その人がいる所も尊《とうと》い」といっているのはこのことである。

【背景】本抄は弘安《こうあん》4年（1281年）9月、日蓮大聖人が身延で著《あらわ》され、駿河国《するがのくに》（静岡県中央部）の門下・南条時光《なんじょうときみつ》に与えられたとされる。別名を「法妙人貴《ほうみょうにんき》の事」という。

頻発《ひんぱつ》する自然災害や、深刻な飢饉《ききん》、疫病《えきびょう》の大流行に加え、本抄御執筆の直前には2度目の蒙古襲来《もうこしゅうらい》があり、世情は極めて騒然《そうぜん》としていた。

そのような状況下で、時光がお手紙を頂いた時には、何らかの病《やまい》を患《わずら》っていたようだが、大聖人のもとへ使いを送り、赤誠《せきせい》の御供養を届けた。大聖人は、困難な中でも供養を届けた門下の真心に対し、末法で法華経の行者《ぎょうじゃ》にわずかでも供養する人は、計り知れないほどの大果報を受けるであろうと、門下の志《こころざし》を最大にたたえられている。

【解説】本抄の冒頭、日蓮大聖人は、門下の病身を気遣《きづか》われ、〝再会する日を待ち望んでいる〟と慈愛《じあい》の励《はげ》ましを送られている。

御執筆当時、大聖人が住まわれたのは、人里離れた身延の山中にある、小さな草庵であった。

しかし大聖人は、拝読御文で、正法受持の人の尊貴《そんき》さを表した天台大師《てんだいだいし》の『法華文句』の言葉を引かれ、妙法を実践する法華経の行者がいる場所であるがゆえに、霊山浄土《りょうぜんじょうど》（仏の住む清浄な国土）にも劣らないと述べられている。

「法華経の行者」とは、妙法を持《たも》ち、実践する人のことである。現代でいえば、大聖人の仏法を正しく実践し、妙法弘通《ぐつう》に生き抜く、創価学会員一人一人である。

人間の真価《しんか》は、いかなる法を持ち、いかなる生き方をするかで決まる。

世界最高峰の哲理を持ち、広布に励《はげ》む人生は、世界で最も尊貴な生き方である。さらに、その人の住む場所もまた、平和と安穏《あんのん》の仏国土として輝《かが》かせていくことができるのだ。言い換えれば、自分が今いる場所を〝希望の天地〟として開いていく実践が、仏法者の使命なのである。

とりわけ、さまざまな問題によって混迷《こんめい》する現代社会にあって、対話によって世界第一の生命尊厳《そんげん》の思想を広げることで、地域や社会、職場を一段と繁栄《はんえい》させゆく挑戦こそ、私たちの責務にほかならないのだ。

池田先生はかつて、終戦の日を前に、「いずこの地を訪《おとず》れても、私が祈りを込めて拝してきた御聖訓」として、今回の御文を記し、こうつづられた。

「たとえ今、どんな苦境にあろうと、妙法を受持した創価の友が献身《けんしん》する国土が、平和に勝ち栄えていかないわけがない。草創以来、この確信で同志を励まし続けてきた」

この師の心をわが心とし、学会員は〝一人の変革が社会を変える〟との「人間革命」の精神を胸に、地域社会に尽《つ》くしてきた。

その陣列は今や世界192カ国・地域に広がる。この「人間革命の連帯《れんたい》」こそ、平和建設の最大の力にほかならない。

広島への原爆投下から48年後の1993年（平成5年）8月6日、先生は小説『新・人間革命』の執筆を開始された。その冒頭に「平和ほど、尊《とうと》きものはない。平和ほど、幸福なものはない」とつづられた心情を、かつて、「『原爆の日』に、自《みずか》らに下した、平和への闘争宣言であった」と述懐《じゅっかい》された。

翻《ひるがえ》って今、師の〝闘争宣言〟を受け継《つ》ぎ、平和の世紀を開くのは、私たち後継の青年の使命である。

「誰か」ではなく「自分」が、「いつか」ではなく「今」、大確信の対話に挑《いど》み、人間革命の大連帯を広げたい。

TALKテーマ

人間関係の悩み

Q 職場でどう思われているか不安

A 自分らしく輝《かがや》けるのが信心

中村区男子部大学校団長　この間の休みにはリフレッシュできたかな？

佐山ニュー・リーダー　実は最近、職場に行くことを考えると気が重いんです。

中村　工場勤務から営業職になったんだよね。先日は「営業目標が達成できた」と話してくれていたけれど、何かトラブルでも？

佐山　いえ、これという失敗はないんです。でも、上司や同僚が優秀で、気後《きおく》れしてしまうというか……。〝自分はどう思われているんだろう？〟と考えると、仕事の質問も、雑談も、声を掛けにくくて。自分が神経質な性格だから余計に嫌《いや》になるんです。

中村　職場では、特に人間関係は悩みが尽《つ》きないよね。鎌倉時代、日蓮大聖人の弟子の四条《しじょう》金吾《きんご》も、主君の江間氏との関係に悩んだ。少し次元は違うけれど、今でいう上司と部下の関係にも通じるかもしれないね。

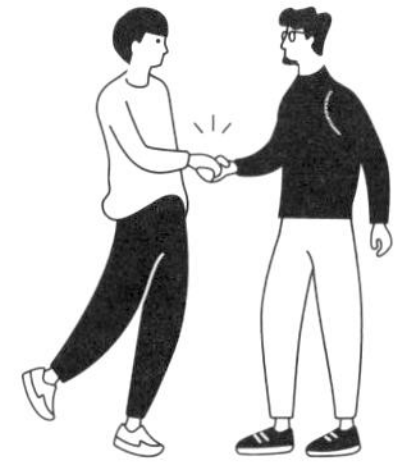

登場人物

中村区男子部大学校団長：20歳の時に入会。情熱に燃える新進気鋭のリーダー。34歳。
佐山ニュー・リーダー：メーカー勤務で、入社6年目の28歳。

佐山　どんな悩みですか？

中村　金吾が江間氏を折伏《しゃくぶく》したことがきっかけで疎《うと》まれ、遠ざけられてしまったんだ。さらに金吾に嫉妬《しっと》していた同僚たちのウソを信じた江間氏から、信仰を捨てるように迫《せま》られ、領地を取り上げられそうになったんだよ。

佐山　か、かなりハードですね。

中村　でも、金吾は「『主君に仕《つか》えることにおいても、仏法に尽くすことにおいても、世間《せけん》における心がけにおいても、大変に素晴らしい』と、鎌倉《かまくら》の人々の口にうたわれていきなさい」（新1596ページ・全1173ページ、通解）との大聖人の仰《おお》せの通り、領地を取り上げられそうになりながらも、主君に誠実に仕えた。後に、江間氏からの信頼を勝ち取り、新たな領地を得たんだよ。

佐山　自分を疎む上司にすら誠実を尽くすって、すごいなあ。

中村　そうだね。金吾の姿に学ぶことは“人を思い、祈る中で、自分も大きく成長できる”ということだと僕は思う。それに小説『新・人間革命』の中で山本伸一会長が、“細かいことを気にする性格の人が信心に励《はげ》むとどうなるか”を例に、こう話しているよ。「細心であるという性格は変わりません。しかし、人に言われたひとことを真摯《しんし》に受けとめ、自分を向上させる糧《かて》にしていくようになります。また、他人の小さな欠点に気づくことは同じですが、その欠点を自分はどうやって補《おぎな》ってあげられるかという心配りができるようになる。さらに、他人の長所にも気づくようになります」と。だから大丈夫。佐山君らしく輝ける信心なんだ。

佐山　希望が湧《わ》きました。祈ることから、僕も頑張ってみます！

ONE GOSHO
14

上《うえ》野《の》殿《どのの》後《ご》家《け》尼《あま》御《ご》返《へん》事《じ》——日々、不《ふ》断《だん》の挑戦を

御文

法華経の法門《ほうもん》をきく《聞》につけてなおなお信心をはげむ《励》を、まこと《真》の道《どう》心者《しんじゃ》とは申すなり。天台《てんだい》云《い》わく「従《じゅう》藍而青《らんにしょう》（藍《あい》よりして、しかも青し）」云々《うんぬん》。この釈《しゃく》の心は、あい《藍》は葉のときよりも、なおそむれ《染》ばいよいよあお《青》し。法華経はあい《藍》のごとし、修行《しゅぎょう》のふかき《深》はいよいよあお《青》きがごとし。

（新1834ページ・全1505ページ）

【通解】法華経の法門を聞くたびに、ますます信心に励《はげ》んでいく人を真の求道の人というのである。天台大師《てんだいだいし》は「青は藍《あい》から出て、藍よりも青い」と言われている。この言葉の意味は、植物の藍は、その葉からとった染《せん》料《りょう》で重ねて染《そ》めれば、葉の時よりも、ますます青みが深まるということである。法華経は藍のようなもので、修行が深まるのは、ますます青くなるようなものである。

【背景】本抄は、文永《ぶんえい》2年（1265年）7月、日蓮大聖人が、駿河国《するがのくに》（静岡県中央部）の門下であり、南条時光《なんじょうときみつ》の母親である上野尼御前《うえののあまごぜん》に送られたお手紙である。

同年2月、尼御前の夫・南条兵衛七郎《ひょうえしちろう》が病《やまい》のために亡《な》くなっており、しばらくして、大聖人は、墓参のため、南条家を訪《おとず》れられている。

兵衛七郎の逝去《せいきょ》時、後に家督《かとく》を継《つ》ぐ次男の時光は7歳、末の息子はまだ尼御前の胎内《たいない》にいた。幼児や胎児を抱《かか》え、夫を失った尼御前は、悲しみとともに大きな不安を覚えていたにちがいない。大聖人は本抄で、苦境に置かれた尼御前を包《つつ》み込むように激励しながら、仏の境《きょう》涯《がい》を開くため、強盛《ごうじょう》な信心に、より一層、励《はげ》むよう指導されている。

【解説】日蓮大聖人が、幼子《おさなご》を抱えながら苦闘する上野尼御前に、「即身成仏《そくしんじょうぶつ》」「地獄即寂光《じごくそくじゃっこう》」との仏法の法理から、亡き夫は間違いなく成仏し、苦悩を免《まぬか》れていることを教えられたのが本抄である。〝生きる希望〟を送るためにつづられた励ましが、どれほど尼御前を勇気づけたであろうか。

今回の拝読御文では「この法華経の法門を聞くにつけて、ますます信心に励む人こそ、仏道を求める心を持つ、真の人である」（趣旨）と説かれている。尼御前が、真剣に信心の実践を貫《つらぬ》き、偉大な妙法の力を示すことで、幸福境涯を開いてほしいとの大聖人の御慈愛《ごじあい》を拝することができる。

続いて大聖人は、天台大師《てんだいだいし》の『摩訶止観《まかしかん》』に引用されている「従藍而青《じゅうらんにしょう》」の言葉を用《もち》いている。これは、「藍《あい》よりして、しかも青し」と読み、もともとは中国の紀元前3世紀頃の思想家・荀子《じゅんし》の本にある言葉である。

植物の藍の葉は、薄《うす》く青みがかった緑色をしている。藍という葉を使った「藍染《ぞ》め」は、何度も重ねて染めることで、色が濃く鮮《あざ》やかな青になる。このことを荀子は「青はこれを藍より取りて、しかも藍より青し」と述べた。

大聖人は、これを比喩《ひゆ》に用いて、「法華経はあい《藍》のごとし、修行のふか《深》きはいよいよあお《青》きがごとし」と仰《おお》せになった。信心を深め、「いよいよ」との決意で仏道修行を重ねていくことで、自身の生命が妙法によって染め抜かれ、何ものにも揺るがない、仏の境涯を開いていけるのだ。

ここで青年部として拝していくべきは、弟子の生き方である。荀子が藍の表現を用いたのは、教えを受けた人が、教えた人よりも優《すぐ》れていくこと、つまり、〝弟子がたゆまず学び続けることの大切さ〟を譬《たと》えるためである。

弟子が、師の教えを不断《ふだん》に実践し続けていけるかどうか——後継の弟子の証《あか》しとは、〝たゆまぬ挑戦〟にあることを、共々に確認したい。

池田先生は、今回の御文を通して指導されている。

「我らの信仰は、たゆまず成長し、前進するためのエンジンである。

『この一年、生まれ変わった決意で！』『もう一歩、自分の殻《から》を破《やぶ》ろう！』——その清新《せいしん》なる誓いが、因果俱時《いんがぐじ》で勝利を開く力となる。

いよいよ戦い続ける信心が、日蓮仏法の真髄《しんずい》である。たゆまぬ発心《ほっしん》、そして挑戦の繰り返しこそ、わが生命を永遠に輝《かがや》く仏界に染め抜いていくのだ」

弟子として日々、新たな決意で、「いよいよ」の志《こころざし》を我が胸に刻《きざ》み、広宣流布・立正安国《りっしょうあんこく》の実現へ、勇気の挑戦を重ねていきたい。師が後継の弟子につづり残した小説『新・人間革命』をひもときながら、前へ前へとひたむきに努力の歩みを進め、一人一人が師弟の勝利劇を演じていこう！

TALKテーマ

信心の確信

Q　これといった信仰体験がないのですが……

A　みんなに成長のドラマがある！

中村区男子部大学校団長　今日の会合も、みんなの体験発表が素晴らしかったね。

西川ニュー・リーダー　感動しました。僕には、人に語れる信心の体験がないなあ……。

中村　ん？　自分ではそう思うのかな。でも西川君には体験がたくさんあるんだよ。

西川　そうですか？

中村　大学校に入ってから、友達との約束や、学会の会合に遅刻しなくなったし、朝早く起きられるようにもなったよね。以前は職場の悩みも多かったけど、この前は「仕事が初めて楽しいと思えた」って話してくれたじゃないか。

西川　そんな、小さなことでいいんですか？

中村　華々しいことだけじゃない。信心を実践する中で感じたこと、経験したことは、たとえ小さな変化でも大切な〝体験〟さ。池田先生は「自信は、積み上げていくものだ。どんな小さな体験でもいい。朝寝坊の人が、これまでより

登場人物
中村区男子部大学校団長：20歳の時に入会。情熱に燃える新進気鋭のリーダー。34歳。
西川ニュー・リーダー：社会人3年目の25歳。信心の確信をつかみたいと学会活動に励む。

五分でも早起きできるようになったら、すごいことだ。『人間革命』です」と語られているよ。

西川　それなら、僕にも、まだあります。親に「ありがとう」って言えるようになったこととか、人と争わなくなったこととか。

中村　そうだね。僕も大学校生の時、願いを全部ノートに書いた。仕事の目標、人間関係の悩み、恋愛や結婚……。具体的に、一つ一つ祈り抜く中で、「かなった！」という体験が増えていった。

西川　お題目、やっぱりすごいですね。

中村　うん！　大切なことは、毎朝毎晩、真剣に祈っていくこと。御書には「深く信心を発《おこ》して、日夜朝暮《にちやちょうぼ》にまた懈《おこた》らず磨《みが》くべし。いかようにしてか磨くべき。ただ南無妙法蓮華経と唱えたてまつるを、これをみがく《磨》とはいうなり」（新317ページ・全384ページ）とある。鏡を磨くように、命を磨く。すると鏡がピカピカになるように、自分の境涯《きょうがい》が変わり、環境も変わっていくんだ。そして、具体的に祈ること。そうすれば、体験を着実に積めるんだ。

西川　でも祈りが全部かなうわけじゃないですよね。何でも思い通りになったら、調子に乗っちゃいますもんね。

中村　いやいや（笑い）。確かに、すぐ結果が出ない願いもあるけど、そこには大きな意味がある。悩みながらも前に進もうと挑戦する――それ自体が強い自分になっている証明だよね。また、後から振り返って自身の成長に気付くこともある。お題目で絶えず変わっていく自分。その信心のドラマが、〝西川君の体験談〟。それを、ありのまま、友達に語ってほしいんだ。

西川　分かりました。さっそく、友達に僕のドラマを話してきます。

ONE GOSHO
15

崇《す》峻《しゅん》天《てん》皇《のう》御《ご》書《しょ》（三《さん》種《しゅ》財《ざい》宝《ほう》御書）——輝《かがや》く人間性で信頼を確立

御文

不《ふ》軽《きょう》菩《ぼ》薩《さつ》の人を敬《うやま》いしは、いかなることぞ。教《きょう》主《しゅ》釈《しゃく》尊《そん》の出《しゅっ》世《せ》の本《ほん》懐《かい》は人の振《ふ》る舞《ま》いにて候《そうら》いけるぞ。

（新1597ページ・全1174ページ）

【通解】不《ふ》軽《きょう》菩《ぼ》薩《さつ》が人を敬《うやま》ったことは、どのような意味があるのだろうか。教《きょう》主《しゅ》釈《しゃく》尊《そん》の出《しゅっ》世《せ》の本《ほん》懐《かい》は、人の振る舞いを示すことにあったのである。

—

【背景】本抄は、建治《けんじ》3年(1277年)9月11日、日蓮大聖人が身延の地から鎌倉の四条金《しじょうきん》吾《ご》に与えられたお手紙。別名を「三種財宝御書《さんしゅざいほうごしょ》」という。

金吾は当時、主君の江間氏を折伏《しゃくぶく》して不興《ふきょう》を買い、さらに同年6月の桑ケ谷《くわがやつ》問答で金吾が法座を乱したというデマによって、江間氏から〝法華経の信心を捨てなければ所領を没収《ぼっしゅう》する〟と迫《せま》られていた。しかし、金吾は不退転《ふたいてん》の信心を誓う。その後、江間氏が病《やまい》に倒れ、医術の心得《こころえ》のあった金吾が治療に当たることになった。本抄は、その報告への返信である。この時、金吾は主君からの信頼を取り戻しつつあったが、同僚たちとの不和《ふわ》など、金吾を取り巻く環境の厳しさは変わらずに続いていた。大聖人は、金吾に対して事細かな注意を与えるなど、金吾が主君に仕える武士として勝利していくための要諦《ようてい》を教えられている。

【解説】「不軽菩薩《ふきょうぼさつ》」とは、法華経常不軽菩薩品第20《じょうふきょうぼさつほん》に登場する釈尊の過去世の姿である。不軽菩薩は、万人に具《そな》わる仏性《ぶっしょう》を礼拝《らいはい》し、「私は深く、あなた方を敬《うやま》います。決して軽《かる》んじたり、慢《あなど》ったりしません。なぜなら、あなた方は皆、菩薩道の修行をすれば、必ず仏になることができるからです」と語り続けた。

しかし、その言葉を信じられない人々は、不軽菩薩を嘲《あざけ》り、迫害する。それでも不軽菩薩は、聡明に暴力をかわしながら、決して相手を軽んずることなく、礼拝行《らいはいぎょう》を貫《つらぬ》く。この実践により、不軽菩薩は六根清浄《ろっこんしょうじょう》（目、耳などの感覚・認識器官が清らかになること）の功徳を得て成仏する。さらに、迫害した人々も、後に再び不軽菩薩に巡りあい、教えを受けて救われるのである。

治療・看病を通して、主君からの信頼を回復した四条金吾であったが、その一方で、金吾を追い落とそうとする者たちは、表面では平静《へいせい》を装《よそお》いながら、内心は嫉妬《しっと》の炎を燃やしていた。彼の命が脅《おびや》かされる状況が変わらないことを案じた日蓮大聖人は、〝決して一人にならないように〟〝目立つ服装は控《ひか》えなさい〟などと、細心の注意を払《はら》うよう指導される。そして、一時の感情に流されやすい金吾に、万人を敬い抜いた不軽菩薩の振る舞いこそが法華経の真意であり、釈尊の「出世《しゅっせ》の本懐《ほんかい》（この世に出現した根本の目的）」であったと結論する。

誰に対しても誠実な振る舞いを貫いていく――これは、職場や地域で奮闘する青年部員にとっても、大切な心構えである。しかし、頭では分かっていても、「この人だけは……」と思ってしまうこともあるかもしれない。全《すべ》ての人を敬っていくという〝不軽菩薩の振る舞い〟は、自身の小さな境涯《きょうがい》を打ち破りゆく挑戦ともいえる。

本抄で大聖人は「蔵《くら》の財《たから》よりも身の財すぐ《勝》れたり、身の財より心の財第一なり。この御文《おんふみ》を御覧《ごらん》あらんよりは、心の財をつ《積》ませ給《たも》うべし」（新１５９６ページ・全１１７３ページ）と仰《おお》せである。物質的な財産〈蔵の財〉や、社会的地位・技術・健康〈身の財〉よりも、信仰によって培《つちか》った心の豊かさや、いかなる試練にも負けない生命の強さ〈心の財〉こそ大切である、と。縁《えん》する一人一人を大切にする中で、自身の人間性も磨《みが》かれ、信頼という勝利の証《あかし》が打ち立てられていくのだ。

大聖人の仰せを実践した金吾は後に、主君の信頼を確立。新たな所領を得ることになる。

池田先生は語る。

「この現実の社会のなかでこそ、皆が仏になっていくのだ。『仏法即職場』であり、『職場即仏法』である。そして、仏法は即『人の振る舞い』である。社会での信頼の広がりは即、仏法正義の確立となり、創価への共感の拡大となる」

どのような困難な環境でも、心の財を積み重ねてきた人は強い。自分らしく輝《かがや》いていくことができる。混迷する時代だからこそ、今いる場所で周囲に光を送る振る舞いを心掛けたい。

TALKテーマ

価値創造

Q　仕事が〝物足りない〟

A　意味を見いだす力を磨《みが》こう

中村区男子部大学校団長　今日は、部活に参加してくれてありがとう！　武《たけ》君は仕事を始めて、もうすぐ3カ月だね。調子はどう？

武　そうです。念願だった旅行代理店に入社したんですが、希望と違う部署に配属され、事務作業ばかりしています。僕は窓口業務でお客さまの笑顔を見たかったので、正直、「今の仕事は物足りないな」って感じています。

中村　なるほど。武君のように、自分にとって不本意な仕事内容で悩む人は少なくないと思う。僕の友達には、異動したことがきっかけで、新しい職場になじめずに辞《や》めた人がいるよ。次の仕事が決まらなくて悩んでいるんだ。再就職がかなうように祈っているんだけど……。

武　〝頑張らなきゃ〟と自分に言い聞かせるんですが、やっぱり、〝なぜ一人でパソコンの前にいるんだろう〟〝自分のやりたいことは本当にこの仕事なのか〟って、焦《あせ》ってくるんです。

登場人物 **中村区男子部大学校団長**：20歳の時に入会。情熱に燃える新進気鋭のリーダー。34歳。
武ニュー・リーダー：旅行代理店に勤める社会人1年目の23歳。

中村　僕も入社してから数年間は、雑務ばかりをしていたんだ。〝この仕事に何か意味があるかな？〟って毎日、悩んでた。そんな時、男子部の先輩から、小説『新・人間革命』の一節を教えてもらったんだ。「仕事をどうとらえるかで、仕事に対する姿勢も、意欲も、全《まった》く異《こと》なってくる。単調《たんちょう》で、つまらないと思える仕事であっても、そこに豊《ゆた》かな意味を見いだしていくところから、価値の創造は始まる」とね。

武　「豊かな意味を見いだす」ですか。難しそうですね。

中村　御書に「餓鬼《がき》は恒河《ごうが》を火と見る、人は水と見る、天人《てんにん》は甘露《かんろ》と見る。水は一《いち》なれども、果報《かほう》に随《したが》って別々なり」（新1411ページ・全1025ページ）とある。仕事に当てはめれば、同じ作業であっても、働く人の境涯《きょうがい》によって、見え方が全く違ってくると思うんだ。

武　確かに、つまらないと感じていたら、意味は見いだせない気がします。でも、自分の境涯を変えるには、どうすればいいんでしょうか。

中村　何よりもまず「祈り」だよ。その中で智慧を出していくんだ。例えば、毎日の唱題で「旅行を楽しみにしているお客さまのため、また、会社に貢献するため、今の仕事に全力を尽くそう」と祈って向き合ってみてはどうかな。どんな目立たない仕事も全《すべ》て、武君が目指すお客さまの笑顔につながるはず。また、今の部署で得た技術や人間力は、必ず将来役に立つよ。

武　そこまで考えたことはありませんでした。祈って自分がどう変わるか、試してみようと思います。

中村　その変化が、仏法の正しさの証明にもなるよ。自分の胸中《きょうちゅう》から、希望を生み出していこう！

第4章

困難を乗り越える生き方

ONE GOSHO
16

弥三郎殿御返事《やさぶろうどのごへんじ》——勝負の時は「今」！

御文

今年の世間《せけん》を鏡とせよ。そこばくの人の死《し》ぬるに、今まで生きて有りつるは、このことにあわん《遇》ためなりけり。これこそ宇治川《うじがわ》を渡《わた》せし所よ。これこそ勢多《せた》を渡せし所よ。名を揚《あ》ぐるか、名をくだ《下》すかなり。

（新2085ページ・全1451ページ）

【通解】今年の世間の様子を鏡としなさい。多くの人が死んだのに、自分が今まで生きながらえてきたのは、このこと（法論）にあうためである。今この時こそ（歴史上の戦の勝負所として有名な）宇治川《うじがわ》を渡す所だ、今この時こそ勢多川《せたがわ》を渡す所だと思いなさい。名を上げるか、名を下すかの勝負所である。

【背景】本抄は建治《けんじ》3年（1277年）8月、日蓮大聖人が56歳の時に身延で著《あらわ》され、門下の弥《や》三郎《さぶろう》に宛てられたお手紙である。何らかの事情によって公《おおやけ》の場で出家の念仏者と法論を行うことになった弥三郎に対し、準備と心構えを示されている。

前半では法論の際に主張するべき内容について述べられ、後半では、破折《はしゃく》の仕方について具体的に御指南されている。

そして、所領を惜《お》しんだり、他人を頼《たの》みにしたりすることなく、迷いや恐れを排して堂々と法論に挑《いど》むよう励《はげ》まされている。

【解説】本抄が執筆された当時、日本では度重《たびかさ》なる飢饉《ききん》に加えて疫病《えきびょう》が猛威《もうい》を振るい、多くの命が失われていた。また、3年前に襲来《しゅうらい》した蒙古《もうこ》が再び侵略してくるのではないかとの不安も広がり、世相《せそう》は騒然《そうぜん》としていた。そうした過酷《かこく》な環境を踏まえ、日蓮大聖人は弥三郎に対し、これまで生きてくることができた使命を深く自覚するよう教えられている。

法論への対応について指導を受けようとした弥三郎は、少なからず不安を抱《いだ》いていたかもしれない。大聖人は主張すべき内容を細かく御教示された上で、今回の拝読範囲の直前で

「ただひとえに思い切るべし」（新２０８５ページ・全１４５１ページ）と、覚悟《かくご》を決めるよう励まされる。

そして法論の意義について大聖人は、〝宇治川《うじがわ》・勢多川《せたがわ》（瀬田川）を渡る戦い〟と仰《おお》せである。瀬田川とは、琵琶湖《びわこ》から流れ出る唯一の河川のこと。現在、上流の滋賀では瀬田川、途中の京都では宇治川と呼ばれ、淀川《よどがわ》となって大阪湾に注《そそ》ぐ。

古来、この川にかかる瀬田橋と宇治橋は、攻防の勝負所とされてきた。実際に、１１８４年の宇治川の合戦では、宇治川を渡りきった源義経《みなもとのよしつね》の軍勢が木曽義仲《きそよしなか》の軍勢を破り、１２２１年の承久《じょうきゅう》の乱では、北条泰時《ほうじょうやすとき》率《ひき》いる幕府の軍勢が朝廷方《ちょうていがた》の攻撃をしのいで渡河《とか》し、勝利している。

まさに、〝勝負を決する舞台〟となってきたのである。

時代を決する要所と重ねての、〝今この時こそ勝負所なのだ〟との御指南からは、大聖人の、勝利への峻厳《しゅんげん》な一念が拝される。そしてこの深い覚悟に立つことこそが、大聖人御自身が一切の戦いにおいて貫《つらぬ》かれた姿勢であり、広布の戦いに臨《のぞ》む私たちが範《はん》とすべき姿勢である。

広布の戦いにおいては〝名を上げるか下すか〟――勝つか、負けるかしかないと心に決めるからこそ、逡巡《しゅんじゅん》や臆病《おくびょう》の心を絶《た》ち、本来の力を出し切ることができる。

弥三郎への大聖人の励ましを通して、池田先生は語られている。

「同じ戦うのなら、『断じて勝つ』と腹を決めて戦い切るのです。人は敵と戦う前に、己心《こしん》の弱さに負ける。何よりもまず、その心中の賊《ぞく》に勝たねばならない。とともに勇気と蛮勇《ばんゆう》は違う。現実と真正面から向き合うところに真の勇気があります。そこから今、何を為《な》すべきか、明瞭《めいりょう》に見えてくるのです」

拝読範囲の直後で大聖人は、「釈迦仏・多宝仏・十方《じっぽう》の仏たちよ！　集い来って、わが身に入りかわり、私を助け給《たま》え」（同ページ、趣意）と心に念じることを呼び掛けられている。いざ戦いに挑むに当たり、強き祈りで仏界を開き、生命力と智慧を涌現《ゆげん》させていくことが肝要《かんよう》である。

広布の戦いに弟子を送り出す師匠の思いは、限りなく深い。その期待に応《こた》えようと決めて立つ時、思ってもみなかった力を発揮することができる。

師弟勝利の誓いを胸に、広宣流布と立正安国《りっしょうあんこく》の戦いに挑み抜き、自身と社会の宿命転換《しゅくめいてんかん》を成し遂《と》げていきたい。

TALKテーマ

会合への参加

Q 「勝ち取る」という意味は？

A その挑戦に自身の成長がある

中村区男子部大学校団長　野沢君、新しい部署に異動したばかりで大変だと思うけど、来週、大学校の定例会は参加できそうかな？

野沢ニュー・リーダー　定時に仕事が終われば、大丈夫なんですが……。また当日、連絡します。

中村　ありがとう。野沢君が会合参加を勝ち取れるよう、真剣に祈っていくよ。

野沢　「勝ち取る」ですか……？　時々、先輩たちも「参加を勝ち取った」って言いますけど、どういう意味なんでしょうか。

中村　確かに気になるよね。こんなところにも「勝つ」っていう言葉が入るなんて（笑い）。僕も入会した頃、不思議に思ったよ。会合はできるなら参加したいけど、疲《つか》れてる時も、忙《いそが》しい時もあるからね。

野沢　そうです。僕が、もっと頑張ればいいんでしょうけど。

中村　その思いが、とても素晴らしいよ。そし

登場人物
中村区男子部大学校団長：20歳の時に入会。情熱に燃える新進気鋭のリーダー。34歳。
野沢ニュー・リーダー：社会人5年目の27歳。最近、部署異動になり、慣れない仕事に奮闘中。

て野沢君が言ったことが、そのまま答えでもある。「疲れた」「忙しい」という自分自身の後ろ向きな心を乗り越える。その結果として、会合参加を「勝ち取る」ことができる。

野沢　疲れはともかく、忙しさはどう挑戦したら……。

中村　池田先生は小説『新・人間革命』に、こう書かれているよ。「多忙ななかで、いかに時間をつくりだすかが既《すで》に戦いなんです。少しでも早く、見事に仕事を仕上げて活動に出ようと、必死に努力することから、仏道修行は始まっています。自分の生命が鍛《きた》えられているんです」

野沢　確かに戦いですね。僕に勝てるかな……。

中村　不安に思う必要はないよ。先生は小説『新・人間革命』の中で、開始時間を過ぎても会合に急ぐ青年の熱意を、こうたたえている。

「大切なのは、その心である。たとえ、会合は始まっていても、一分でも、一秒でも早く、会場に到着し、少しでも多くのものを吸収しようという一念が、人を成長させるのである」

野沢　結果はどうあれ、「集おう」という心が大切なんですね。

中村　うまくいくことも、いかないこともある。でも挑戦した分、必ず成長している。心は目に見えないけど、行動に表れる。職場でも私生活でも、その真剣な一念が行動に表れて、信頼を築《きず》けるんだ。

野沢　「時間があれば」っていう姿勢ではなく、「時間をつくる挑戦」をしたかどうか、ですね。

中村　そう。御書には「極楽《ごくらく》百年の修行《しゅぎょう》は穢土《えど》の一日の功《く》に及《およ》ばず」（新261ページ・全329ページ）とある。現実社会で信心を磨《みが》く努力に大きな意味がある。一緒に挑戦していこう！

ONE GOSHO
17
兄弟抄《きょうだいしょう》――〝難《なん》こそ誉《ほま》れ〟の大確信《だいかくしん》を

御文

各々随分《おのおのずいぶん》に法華経を信ぜられつるゆえに、過去の重罪をせめ《責》いだし《出》給《たま》いて候《そうろう》。たとえば、鉄《くろがね》をよくよくきたえ《鍛》ばきず《傷》のあらわ《現》るるがごとし。石はやけ《焼》ばはい《灰》となる。金《こがね》はやけば真金《しんきん》となる。

(新1474ページ・全1083ページ)

【通解】あなた方《がた》兄弟は、懸命《けんめい》に法華経を信じてきたので、過去世の重罪《じゅうざい》を責《せ》め出《いだ》しているのである。例えば、鉄を十分に鍛《きた》えれば内部の疵《きず》が表面に現れるのと同様である。石は焼けば灰となる。金は焼けば真金《しんきん》となる。

【背景】本抄は、建治《けんじ》2年（1276年）4月、日蓮大聖人が身延で著《あらわ》され、武蔵国《むさしのくに》の池上《いけがみ》（東京都大田区池上とその周辺）の門下である池上宗仲《いけがみむねなか》・宗長《むねなが》兄弟と、その夫人たちに与えられたお手紙である。

池上家は有力な工匠《こうしょう》（建物の建築や修理などにたずさわる役）の棟梁《とうりょう》として鎌倉幕府に仕えていたが、父・康光が兄弟の法華経の信仰に反対し、兄・宗仲を勘当《かんどう》した。本抄は、その報告に対する激励のお手紙である。

大聖人は、難《なん》に直面するのは法華経を信仰するゆえの必然《ひつぜん》であり、法華経に説かれる通りに魔と戦うことが一生成仏の直道《じきどう》であると教えられている。本抄を送られて以後、宗仲は2度目の勘当に遭《あ》うが、兄弟は大聖人の御指導通りに実践し、最後は父を入信に導《みちび》いている。

【解説】当時の武家社会にあって、「勘当」されることは家督相続権《かとくそうぞくけん》を失うことであり、経済的基盤も、社会的立場も奪《うば》われることに等しかった。また、弟にとって兄の勘当は、信仰を捨てれば自分に家督が譲《ゆず》られることを意味しており、まさに、兄弟の信心の絆《きずな》を分断しようとする魔の働きであったと言える。

なぜ、法華経の信仰を持つ人に難が競《きそ》い起こるのか――。日蓮大聖人は拝読御文で、「懸《けん》命《めい》に法華経を信じてきたので、過去世の重罪を責め出している」（通解）と仰《おお》せである。すなわち、過去世で犯《おか》した謗法の重罪の業《ごう》を、今世において、法華経を持《たも》つ功徳によって軽く受け、消滅させるという「転重軽受《てんじゅうきょうじゅ》」の法理の上から兄弟を励《はげ》まされている。

続いて、強盛《ごうじょう》な信心によって「過去世の重罪」が現れてくる様を、譬《たと》えを用《もち》いて示されている。鉄を熱して鍛《きた》えていくと、脆《もろ》さの原因である内部の疵《きず》、つまり不純物がたたき出されていく。この繰り返しによって、鉄は一段と強靱《きょうじん》になる。この不純物とは過去世の重罪のことであり、信心の実践によって「たたき出し」、今世の苦難として軽く受けているのである。苦難に遭うこと自体が法華経を持つ功徳であり、宿命転換《しゅくめいてんかん》の軌道《きどう》を歩んでいる証《あか》しにほかならないのだ。

また、大聖人は、石は焼けば灰となるのに対し、金は焼くことによって真金《しんきん》となると仰せである。困難に直面した時こそ、仏法者の真価《しんか》が明らかになる。灰となって崩《くず》れ散《ち》ってしまうのか、真金となってますます輝《かがや》きを放っていくのか。苦難とは「自身にとっての試金石《しきんせき》」なのである。

鉄の〝脆さの原因〟である不純物は、外ではなく、内部にある。このことは、この生命の鍛錬において真に向き合うべきは、自身の内にある「弱さ」であることにも通じよう。

苦難や悩みに直面した時、逃げ出したくなる弱い心に打ち勝ち、〝自身を鍛えるチャンス〟と捉《とら》えて、前を向く。「石」であるか、「真金」であるかを決めるのは、まさに自《みずか》らの勇気の信心であることを肝《きも》に銘《めい》じたい。

人生において時には、環境の変化などによって、予期せぬ困難にぶつかることもあろう。いかなる状況も、全《すべ》て乗り越え、意味あるものへと価値創造していけるのが、私たちの信心である。池田先生はつづっている。

「一番大事なのは、『自分自身の心に勝つこと』『唱題に徹《てっ》し抜くこと』です。『難を乗り越える信心』に生ききれば、必ず、変毒為薬《へんどくいやく》することができます。必ず、宿命転換することができます。必ず、一生成仏の境涯《きょうがい》を築《きず》くことができます。必ず、広宣流布の道が大きく開かれていくのです」

師弟不二の青年は、〝難こそ誉《ほま》れ〟との雄々《おお》しき気概《きがい》を持ち、一人一人が使命の天地で勝利を開いていきたい。

TALKテーマ

家族の病《やまい》

Q　母の病気で落ち込んでいます

A　君自身が〝病魔〟に負けないことが大事

中村区男子部大学校団長　お盆は帰省《きせい》したのかな？

東《あずま》ニュー・リーダー　実は先月から母が入院していて、そのお見舞いに行ってきました。信心を頑張ってきた母なのに、なんで病気になったのかなって僕も落ち込んで……。

中村　話してくれてありがとう。以前、僕も父親が倒れた時に悩んだよ。

東　その時は、どう考えたんですか？

中村　真剣に祈り、学会指導を学ぶ中で気付いたのは、誰にも生老病死の苦しみはあるということ。生きている限り、信心をしていても、病気や悩みにぶつかることはある。法華経には「少病少悩《しょうびょうしょうのう》」（法華経456ページ）と説かれていて、仏にも病気や悩みがあることが示されているよ。

東　意外です。

中村　病気になること自体は、不幸でも敗北で

登場人物
中村区男子部大学校団長：20歳の時に入会。情熱に燃える新進気鋭のリーダー。34歳。
東ニュー・リーダー：就職を機に転居してきた25歳。信心を学びたいと大学校に入校。

もない。日蓮大聖人は「このやまい《病》は仏の御《おん》は《計》からいか。そのゆえは、浄名経《じょうみょうきょう》・涅槃経《ねはんぎょう》には、病《やまい》ある人仏《ほとけ》な《成》るべきよ《由》しと《説》かれて候《そうろう》。病によりて道心《どうしん》はお《発》こり候なり」（新1963ページ・全1480ページ）と仰《おお》せになっている。病を、人生を見つめる契機とし、より深い境涯《きょうがい》を開く糧《かて》にしていくことが仏法者の姿勢なんだ。とはいえ、病気やけがに直面すると、気落ちしたり、人生を悲観したりしてしまうこともある。だからこそ、病気という苦難に向き合う勇気の源泉となる信心が大切なんだ。〝病気〟になっても〝病魔〟には決して負けないことだよ。

東　病魔に負けないって、どういうことですか？

中村　池田先生は、こう指導されている。「仏法の眼《まなこ》で見れば、生命力を奪《うば》う『奪命《だつみょう》』の働きをするゆえに、病は『魔』となるのです。この『病魔』を魔と見破り、敢然《かんぜん》と信心で迎《むか》え打つのです。断じて『病魔に負けない』ことです。病魔との闘いであるゆえに、打ち勝てば、まさしく『仏』になれるのです」

東　病になっても、病魔に負けず強く生きていけるのが、信心なんですね。

中村　信心根本に闘う姿は、周囲に勇気を与える。東君のお母さんは今、病魔に挑《いど》むことで希望と励《はげ》ましのドラマをつづっているんだよ。

東　僕が落ち込んでいる場合じゃないって思えてきました。

中村　今回のお母さんの病気に対して、東君も自分の不安に打ち勝っていくこと。そして病の克服に向けて、勤行・唱題の「自行《じぎょう》」と、友人に仏法を語っていく「化他行《けたぎょう》」を通して、功徳を積んでいくこと。それが、お母さんに対する一番の親孝行になると思うよ。

東　離れていますが、母と一緒に頑張ります！

ONE GOSHO
18

四条金吾殿御返事《しじょうきんごどのごへんじ》（衆生所遊楽御書《しゅじょうしょゆうらくごしょ》）——不退《ふたい》の境涯《きょうがい》こそ真の遊楽《ゆうらく》

御文

一切衆生《いっさいしゅじょう》、南無妙法蓮華経と唱《とな》うるより外《ほか》の遊楽《ゆうらく》なきなり。経《きょう》に云《い》わく「衆生所遊楽《しゅじょうしょゆうらく》（衆生の遊楽する所）」云々《うんぬん》。この文《もん》、あに自《じ》受法楽《じゅほうらく》にあらずや。

（新1554ページ・全1143ページ）

【通解】一切衆生《いっさいしゅじょう》にとって、南無妙法蓮華経と唱える以外に遊楽《ゆうらく》はない。寿量品《じゅりょうほん》には「衆生の遊楽する所なり」とある。この文は「自《みずか》ら法楽《ほうらく》を受ける」ことを言っているのである。

【背景】 本抄は、建治《けんじ》2年（1276年）6月、日蓮大聖人が身延の地から鎌倉の四条金吾《しじょうきんご》に送られたお手紙で、別名を「衆生所遊楽御書《しゅじょうしょゆうらくごしょ》」という。

2年前の文永《ぶんえい》11年（1274年）、大聖人が流罪の地・佐渡から戻られたことに歓喜した金吾は、主君の江間氏を折伏《しゃくぶく》する。しかし、江間氏は大聖人に敵対する極楽寺良観《ごくらくじりょうかん》（忍性《にんしょう》）の信奉者《しんぽうしゃ》であったため、金吾は主君の不興《ふきょう》を買い、遠ざけられることに。さらに、同僚からの中傷《ちゅうしょう》もあり、金吾は江間家の中で孤立し、命まで狙《ねら》われる事態となる。

【解説】 拝読御文の冒頭で日蓮大聖人は、南無妙法蓮華経の題目を唱えること以外に、本当の幸福、すなわち「遊楽《ゆうらく》」はないと断言されている。

この「遊楽」とは、すぐに消え去る〝はかない楽しみ〟ではなく、いかなる状況でも、その瞬間瞬間を楽しんでいける境涯《きょうがい》のこと。題目を唱え抜いていけば、仏の大生命力を発揮し、全《すべ》てを楽しんでいける、幸福へと転じていけることを示されている。

続いて、法華経如来寿量品《にょらいじゅりょうほん》第16の経文「衆生所遊楽」（法華経491ページ）を引かれ、妙法を持《たも》つ衆生にとって、娑婆《しゃば》世界こそが最高の遊楽の場所であることを教えられている。幸福をつかむ舞台は、どこか遠くではなく現実社会にあるのだ。

次いで大聖人は、「衆生所遊楽」の文は「自受法楽《じじゅほうらく》」（自《みずか》ら法楽を受く）を表していると仰《おお》せである。永遠に崩《くず》れない真の喜びの境涯である「法楽」は、他の誰かが与えてくれるものではなく、自分自身が題目を唱えることによって得られる境涯であることを教示されている。

さらに拝読御文の直後、「衆生所遊楽」の文を、「衆生」「所」「遊楽」の三つに分け、それらの意義を四条金吾に教えられている。

「『衆生』のうちに貴殿《きでん》も《漏》れ給《たも》うべきや」――あなたも、この「衆生」の中の一人である。

「『所』とは、一閻浮提《いちえんぶだい》なり。日本国は閻浮提の内なり」――日本は閻浮提（全世界）の中にあり、あなたのいる所も含まれている。

「『遊楽』とは、我らが色心《しきしん》・依正《えしょう》ともに一念三千《いちねんさんぜん》・自受用身《じじゅゆうしん》の仏にあらずや」――私たちの色法《しきほう》（身体）と心法《しんぽう》（心）、依報《えほう》（環境世界）と正報《しょうほう》（主体）も、ともに一念三千の妙法の顕《あらわ》れである。自在の仏であり、真実の遊楽を味わっていける存在なのである――と。

本抄の御執筆当時、苦難の渦中にいた四条金吾にとって、この大聖人の渾身《こんしん》の励《はげ》ましは、現実の苦難と戦い抜く大きな力となったに違いない。

金吾は、本抄を受け取った翌年の建治3年6月、人生最大の危機に陥《おちい》る。金吾をねたむ同僚の讒言《ざんげん》(事実無根の訴え)を信じた主君から、〝法華経を取るか、所領を取るか〟と迫《せま》られたのである。それでも金吾は迷うことなく信仰を選び、大聖人の仰せ通りに信心に励み抜く。そして、主君の治療・看病を通して、金吾は信頼を回復。最終的には、新たな所領を勝ち得ていく。

小説『新・人間革命』第26巻「法旗《ほうき》」の章には、山本伸一が「遊楽」の意義について次のように語る場面が描《えが》かれている。

「最も大事なことは、どんな大試練に遭遇《そうぐう》しても、決して負けたり、挫《くじ》けたりすることのない、自身の境涯を築《きず》いていくことです」「大病を患《わずら》ってしまった。最愛の人を亡《な》くしてしまった——そんな事態に遭遇しても、それを乗り越え、幸福を創造していける力をもってこそ、本当の遊楽なんです」

厳しい試練に遭《あ》った時こそ、自身の信心を磨《みが》き、あらゆる苦難にも負けない絶対的な幸福境涯を開く好機なのである。私たちは、日々の唱題を根本に、地域へ、社会へ、励ましの輪を大きく広げていきたい。その実践の中に、困難に負けない遊楽の人生が開かれていく。

TALKテーマ

苦労と成長

Q　このままの自分で十分ですが……

A　苦難に負けない自分を築《きず》こう

山崎ニュー・リーダー　先週の会合で本部長の信仰体験を聞き、とても感動しました。でも、かなりの苦労を乗り越えたことは、すごいなと思う半面、僕は苦労をしてまで成長したいとは思えないんです。苦労するくらいなら、このままでも十分というか……。

中村区男子部大学校団長　山崎くんの周りには上昇志向みなぎるアツい先輩が多いからね（笑い）。苦労したくないという気持ちはよく分かるよ。僕も入会した時、「人生を勝っていけるよ！」と教えられて信心を始めたから、うまくいかなくて苦労するたびに心の中で「聞いていたのと違う」って愚痴《ぐち》をこぼしてたよ（笑い）。

山崎　どんなことがあったんですか？

中村　以前の職場で仕事をようやく覚《おぼ》えた頃、異動してきた上司から、到底できないような大きな仕事を任《まか》されてさ。仕事量が劇的に増えて、毎日忙《いそが》しくて、逃げたくなるほどプレッシャー

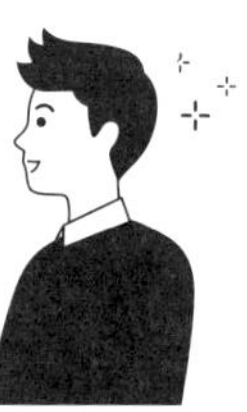

登場人物　**中村区男子部大学校団長**：20歳の時に入会。情熱に燃える新進気鋭のリーダー。34歳。
山崎ニュー・リーダー：男子部大学校に入校した23歳。駆け出しの営業マン。

を感じていた。何もかも嫌《いや》になった時、男子部の先輩から、「受け身になっているんじゃない？」って、本質を突かれたんだ。

山崎　受け身、ですか？

中村　そう。その時、先輩が小説『新・人間革命』の一節を紹介してくれたんだ。「何事も受け身で、人に言われて動いていれば、つまらないし、勢いも出ない」「同じ動きをしているように見えても、能動《のうどう》か、受動《じゅどう》かによって、心の燃《ねん》焼《しょう》度《ど》、充実度は、全《まった》く異《こと》なる」って。当時の僕はまさに「受け身の生き方」で、全《すべ》てが苦労に思え、苦痛に感じていた。でも、「自分で選んだことだ」と考えるようになってからは、大変な状況は変わらないけど、充実感が湧《わ》いてきたんだ。

山崎　確かに「やらされてる」と思うと、全てがつらく感じてしまう気がします。

中村　池田先生は、「小さな子どもが、大きな荷物を背《せ》負《お》って、遠い峠《とうげ》を上下するのなら、これはかわいそうなかぎりです。ところが、体を鍛《きた》えた青年ならば、同じ荷物を背負っても平気です。峠の景色を悠々《ゆうゆう》と楽しみながら行けるでしょう」との戸田先生の指導を通し、生命力が強くなればどんなことも楽しめるとも教えてくださっている。

山崎　苦労を楽しめるようになったら無敵ですね！

中村　もちろん、過《か》酷《こく》な職場環境が問題なら、無理をするのは良くないと思う。その上で、生き方として苦労を避《さ》け続けていけば、いつか避けようのない壁に直面した時、乗り越えられないよね。だからこそ、大学校の活動を通して、強い自分自身を築《きず》いていこうよ！

山崎　頑張ってみます！

ONE GOSHO
19

諸法実相抄《しょほうじっそうしょう》——地涌《じゆ》の使命に勇《いさ》み立て

御文 いかにも、今度《こんど》、信心をいたし《致》て、法華経の行者《ぎょうじゃ》にてとおり《通》、日蓮が一門となりとおし給《たも》うべし。日蓮と同意ならば地涌《じゆ》の菩薩《ぼさつ》たらんか。地涌の菩薩にさだ《定》まりなば、釈尊《しゃくそん》久遠《くおん》の弟子《でし》たること、あに疑わんや。経《きょう》に云《い》わく「我は久遠より来《このかた》、これらの衆《しゅ》を教化《きょうけ》せり」とは、これなり。

（新1791ページ・全1360ページ）

【通解】なんとしても、この人生で、信心に励《はげ》み、法華経の行者《ぎょうじゃ》として生き抜き、日蓮の一門となり通していきなさい。日蓮と同じ心であるならば、地涌《じゆ》の菩薩《ぼさつ》でしょう。地涌の菩薩であると定《さだ》まったならば、釈尊の久遠《くおん》の弟子であることは疑う余地がありません。経文に、「私（＝釈尊）は遠い昔から、これらの者たち（＝地涌の菩薩）を教化してきた」と説かれているのは、このことです。

【背景】 本抄は文永《ぶんえい》10年（1273年）5月、日蓮大聖人が流罪地の佐渡で著《あらわ》されたお手紙であり、弟子である最蓮房《さいれんぼう》が、法華経の方便品《ほうべんぼん》に説かれる「諸法実相《しょほうじっそう》」について尋《たず》ねたことに対する御返事とされている。

大聖人は諸法実相の法理に照らし、本来、一切衆生《いっさいしゅじょう》の生命が妙法蓮華経の当体であることを明かされる。そして大聖人と同じ心で自行化他《じぎょうけた》にわたる唱題に励《はげ》む人は皆、地涌《じゆ》の菩薩《ぼさつ》であり、「二人・三人」と妙法が弘まっていく「地涌の義」によって、広宣流布が実現することは間違いないとの確信を示し、どこまでも法華経に身を任《まか》せていくよう促《うなが》されている。

【解説】 日蓮大聖人は貞応《じょうおう》元年（1222年）2月16日、安房国《あわのくに》（千葉県南部）で御聖誕《ごせいたん》された。民衆救済《きゅうさい》を願われたその御生涯は相次《あいつ》ぐ大難との闘争であり、本抄を執筆されたのも、佐渡流罪という最大の法難の渦中である。当時、佐渡への流刑は、生きて帰ることは望めない死罪に等しいものであった。極寒の中にあって衣食にも事欠《ことか》き、念仏者などから命を狙《ねら》われていた。

さらに門下に対しても追放や所領没収《ぼっしゅう》等の迫害が広がり、〝1000人のうち999人まで退転した〃といわれるほどの大弾圧が起こっていた。大聖人は、法華経の勧持品《かんじほん》に説かれる三類《さんるい》の強敵《ごうてき》、刀杖《とうじょう》の難等の文に照らして御自身が法華経の行者《ぎょうじゃ》であるとの確信を深められ、弟子たちに対しても御自身と同じ心で法華経の信心を貫《つらぬ》いていくよう励まし抜かれた。

本抄で大聖人は、末法において地涌《じゆ》の菩薩の上首《じょうしゅ》である上行《じょうぎょう》菩薩が弘通《ぐつう》すべき妙法を、先立って弘めてきたがゆえに、「地涌の菩薩のさきがけ《先駆》日蓮一人なり」（新1790ページ・全1359ページ）と仰《おお》せになっている。

そして今回の研鑽《けんさん》範囲で「日蓮と同意」——すなわち大聖人と同じ心で題目を唱え、広布に生きゆく人もまた地涌の菩薩であり、釈尊の久遠《くおん》の弟子であると御指南されているのである。

「法華経の行者にてとおり《通》」「日蓮が一門となりとおし」——この「とおし」には〃通す〃〃貫く〃という意義がある。〃どんな困難があろうとも信心を貫いていきなさい〃との深い御《ご》慈愛《じあい》が拝される。弟子にとって、自《みずか》らが地涌の菩薩であり「日蓮と同意」であるとの深い自覚は、「貫き通す」行動となって現れる。苦境に直面した時にこそ、そうした自覚と行動は、いやまして真価《しんか》を発揮するといえよう。

学会は、大聖人の御精神に連《つら》なり、地球規模で地涌の菩薩の連帯《れんたい》を広げてきた唯一の団体である。いかなる苦境に立っても、学会員は〝私は地涌の菩薩だ！〟との深い自覚に立ち、一切を勝ち開いてきた。

池田先生はつづっている。

「末法にあって、題目を唱え、広宣流布の戦いを起こせるのは、地涌の菩薩です」「広宣流布の使命を自覚し、その戦いを起こす時、自らの胸中《きょうちゅう》に、地涌の菩薩の生命が、仏の大生命が厳然《げんぜん》と涌現《ゆげん》するんです」

本抄で大聖人は「日蓮一人はじめは南無妙法蓮華経と唱えしが、二人・三人・百人と次第《しだい》に唱えつたう《伝》るなり。未来もまたしかるべし」（新１７９１ページ・全１３６０ページ）とも仰せである。

まず自分が一人立ち、身近な一人へと妙法を伝えていく一対一の励ましと対話――この地道な行動の重なりが、「地涌の義」を現実のものとするのである。

地涌の誇り高く、励ましの輪を大きく広げながら、広宣流布という壮大な使命を果たしゆく挑戦を堂々と勝ち飾っていきたい。

TALKテーマ

世界宗教

Q　なぜ学会は多くの国に広がったの？

A　「一人」を大切にしてきたから

赤羽ニュー・リーダー　聖教新聞に海外のメンバーの信仰体験が載《の》っていて、とても感動しました。

中村区男子部大学校団長　メンバーは、世界中にいるからね。

赤羽　そういえば、学会って何カ国に広がっているんですか？

中村　192カ国・地域だよ。

赤羽　そんなにですか⁉　でも日本の仏教がどうやって広まったんでしょうね。

中村　いい質問だね。日蓮大聖人は「法華経の大白法《だいびゃくほう》の日本国ならびに一閻浮提《いちえんぶだい》に広宣流《こうせんる》布《ふ》せんことも疑うべからざるか」（新173ページ・全265ページ）とおっしゃっていて、世界中に広まることを確信されていた。その大聖人に連《つら》なる仏意仏勅《ぶっいぶっちょく》の教団として、実際に妙法を世界に弘めているのが創価学会なんだ。

赤羽　逆に、学会誕生以前は、広まっていな

登場人物　**中村区男子部大学校団長**：20歳の時に入会。情熱に燃える新進気鋭のリーダー。34歳。
赤羽ニュー・リーダー：学会3世の23歳。イベント業界で働く。

かったということですよね。なぜ学会にはできたんでしょうか。

中村　一つは、現代の人に分かりやすく大聖人の仏法を語ったということが言えるんじゃないかな。例えば学会員がよく使う「宿命転換《しゅくめいてんかん》」という言葉に象徴《しょうちょう》されるように、〝人生は自分で切り開くことができる〟という考え方は、国や文化にかかわらず、苦しんでいる人にとって大きな希望になるよね。

赤羽　確かにどの国の人にも通じますね。

中村　でも、思想が優《すぐ》れていても、それだけでは広まらない。御書に「法自《おの》ずから弘《ひろ》まらず、人《にん》法を弘むるが故に、人法《にんぽう》ともに尊《たっと》し」（新2200ページ・全856ページ）とあるように、〝弘める人〟が重要なんだ。

赤羽　それが学会員ということですか。

中村　そう。創価三代の師弟に連なる草創からの同志の方々が、地涌《じゆ》の菩薩《ぼさつ》の使命に燃えて、仏法対話に挑《いど》んできたから世界広布は実現したんだ。池田先生は、未来学者のヘンダーソン博士から〝なぜ学会が世界に広がったのか〟と聞かれ、「『徹《てっ》して一人の人を大切にしてきた』からです」と答えられているよ。先生はどの国に行っても、出会った人たちを渾身《こんしん》で励《はげ》まされた。メンバーは先生の励ましを支《ささ》えに、その国で幸福の実証《じっしょう》を示しながら、仏法を語っていった。その姿に仏法への理解が深まっていったんだ。

赤羽　〝一人を大切にする〟っていう地道な積み重ねで世界に広がったというのは、意外ですね。

中村　僕ら自身が人間革命に挑戦して、目の前の一人を大切にすることが、世界広布につながっていくんだ。

赤羽　なんか壮大ですね！　僕も〝今いる場所〟で頑張ります！

ONE GOSHO
20

佐《さ》渡《ど》御《ご》書《しょ》——師の誓願を継《つ》ぐ

御文

世《せ》間《けん》の浅きことには身《しん》命《みょう》を失えども、大事の仏法なんどには捨《す》つること難《かた》し。故に仏になる《成》人もなかるべし。

（新1285ページ・全956ページ）

【通解】世間の浅いことには、命を失《うしな》うことはあっても、大事な仏法のために命を捨てることは難しい。それゆえに仏になる人もいないのである。

【背景】本抄は、文永《ぶんえい》9年（1272年）3月、日蓮大聖人が51歳の時、流罪地の佐渡から門下一同に与えられたお手紙である。この前月に、「二月騒動《そうどう》（北条一族の内乱）」が発生。「立《りっ》正安国論《しょうあんこくろん》」で予言された「自界叛逆難《じかいほんぎゃくなん》」が的中する。本抄は、その知らせを受けて著《あらわ》されたものである。

本抄御執筆の前年9月、日蓮大聖人は「竜の口の法難」に遭《あ》われた。以降、権力による弾圧の手は門下にも及び、弟子たちは投獄・所領没収《ぼっしゅう》などに直面する。厳しい迫害を恐れて退転する者が続出する中、動揺する弟子を思い、大難が競《きそ》い起こる今こそ、「大事の仏法」のために身命《しんみょう》を惜《お》しまない実践を貫《つらぬ》くべきであると訴えられている。

【解説】かけがえのない命を何のために使うのか。このことを教えられるために、日蓮大聖人は本抄を、生死という根本問題から説き起こされている。大聖人の御在世当時は、天変地異《てんぺんちい》、飢饉《ききん》や疫病《えきびょう》などによって、命を落とすことがあった。

その上で大聖人は、誰もが自分の身命を惜しむものであると述べられる。しかし一方で、世間の倫理観《りんりかん》・価値観に従って、あえて自《みずか》らの命を捨てることも少なくないと指摘《してき》。男性が自身の名誉のために命を懸《か》け、女性が男性のために献身《けんしん》したことを挙げられている。と同時に、魚や鳥が餌《えさ》にだまされて捕《つか》まり、命を落としてしまう習性になぞらえ、人間もまた、命を大切にしているつもりであっても、目先の利益などに突き動かされたりして、結果的に身を滅ぼしてしまう場合もあると御教示されている。

これに続くのが今回の拝読御文である。御文では、「世間の浅きこと」ではなく、「大事の仏法」のために、最も大切な「身命」を使うべきであると教えられている。

御文にある、「身命」を「捨つる」との表現は、命を軽《かろ》んじたり、簡単に投げ出したりするといった、表面的な意味ではない。広宣流布のために、人々の幸福のために、自分の命を惜しまずにささげ、信心の実践を貫く「不惜身命《ふしゃくしんみょう》」の重要性を訴えられていると拝することができる。そうした人こそ成仏できるのである。

では私たち青年にとって、「大事の仏法」のために身をささげるとは、どのようなことなのか。1951年（昭和26年）7月11日、東京・西神田で行われた男子部結成式で、戸田先生は次のように語られた。

「広宣流布は、私の絶対にやり遂《と》げねばならぬ使命であります。青年部の諸君も、各自が、その尊《とうと》い地位にあることを、よくよく自覚してもらいたい」「常に、青年が時代を動かし、新しい時代を創《つく》っているのです。どうか、諸君の手で、この尊い大使命を、必ず達成していただきたい」

参加者の一人であった池田先生は、この日の心情を、後に次のようにつづっている。

「師の心を心として、『広宣流布』を断固として完遂《かんすい》することが、使命深き男子部一人ひとりの誓願であると、全生命に響《ひび》きわたった」

当時、池田先生は23歳。役職は班長（現在のニュー・リーダー）であった。しかし、誰よりも深く、師の誓願をわが誓願と心に定《さだ》めた。広布の大使命を自覚し、一人立った。そして、若師子の不惜身命の大闘争によって、学会は大発展を遂げ、今、世界宗教へと飛翔する新時代が開かれたのである。

創価の師弟の誓願を継《つ》ぎ、広宣流布を推《お》し進め、時代を動かしゆくことこそ、私たち青年が「大事の仏法」に身をささげることにほかならない。役職も年齢も関係はない。この時に集い合った一人一人が、今こそ、深き使命に勇み立つ時である。限界突破の対話拡大に挑戦しながら、広布に一人立つ勇者へと成長していきたい。

TALKテーマ

学会の記念日

Q なぜ節目が大事なの？

A 目標地点があれば力を引き出せる

村上ニュー・リーダー （プルルルル）もしもし、村上です！ 中村団長、どうしたんですか？

中村区男子部大学校団長 コロナ禍《か》で会えないから、みんなは元気にしてるかなと思って一人一人に電話してるんだ。村上君は最近、どう？

村上 すこぶる元気です！ でも最近、なかなか小説の執筆が進まないんです。

中村 そういえば、「年内に小説を1本書く」って目標だったね。まずは、「5・3」に向けて〝ここまで書くぞ〟って決めてみたらどうかな？

村上 あの……。最近、よく聞くんですけど、その「ゴーテンサン」って何ですか？

中村 「5月3日」のことだよ。1951年に戸田先生が学会の第2代会長に、60年に池田先生が第3代会長に就任《しゅうにん》された日なんだ。

村上 学会にとって大切な日なんですね！

中村 そう！ 学会には他にもたくさんの記念日があって、そこを目指して一人一人が前進し

登場人物
中村区男子部大学校団長：20歳の時に入会。情熱に燃える新進気鋭のリーダー。34歳。
村上ニュー・リーダー：昨年に入会した、小説家を夢見る24歳。仕事の傍ら執筆活動に励む。

てきたんだ。試験があるから、勉強をする。試合があるから、練習をする。人は誰しも、定《さだ》められた決勝点があると気合が入るよね。

村上　確かに。「いつでもできる」と思っていると、「いつまでたってもできていない」なんてことが、よくあります。

中村　法華経には「化城宝処《けじょうほうしょ》の譬《たと》え」が説かれているよ。危険だらけの荒野を旅する一団が、はるか遠くにある宝を求めて進むんだけど、途中、皆が疲《つか》れ果《は》てて諦《あきら》めようとする。そこで、何とか励《はげ》まそうと思ったリーダーが神通力《じんずうりき》で〝幻《まぼろし》の城〟を出現させ、その城を指して〝ひとまずあそこまで行こう〟と呼び掛けるんだ。鼓舞《こぶ》された一団は城に向かって力を振《ふ》り絞《しぼ》り、その〝幻の城〟を中継点、通過点として、再び希望をもって出発することができたんだ。

村上　途中の目標のおかげで、限界を突破できたんですね！　確かに遠い目標だけだと、身が入らないです。

中村　そう。僕たちも広宣流布という大きな理想に向かっている最中。一つ一つの学会の記念日も、〝力を引き出す目標地点〟なんだ。池田先生は記念日について、「これまでの歴史も、記念日も、すべて現在の力へと変えていってこそ、意味をもつんです」と言われているよ。実は、僕も5年前、仕事で悩んでいた時に、「5・3」を目指して折伏《しゃくぶく》に励んだんだ。小説『新・人間革命』を読んで先生の戦いを学びながら頑張った結果、友人に弘教《ぐきょう》を実《みの》らせ、転職も勝ち取れたんだ。僕にとって「5・3」は、〝先生との共戦の歴史〟が刻《きざ》まれた、かけがえのない原点の日なんだよ。

村上　僕も「5・3」へ、目標を決めて頑張ります！

第5章

学会活動の意義

上《うえ》野《の》殿《どの》御《ご》返《へん》事《じ》（須《す》達《だつ》長《ちょう》者《じゃ》御《ご》書《しょ》）——後輩を自分以上の人材に

御文

仏にな《成》りやす《易》きことは別のよう《様》候《そうら》わず。旱魃《かんばつ》にかわ《渇》けるもの《者》に水をあた《与》え、寒氷《かんぴょう》にこご《凍》えたるもの《者》に火をあた《与》うるがごとし。

（新1918ページ・全1574ページ）

【通解】仏にたやすく成る道は、別なことではない。旱魃《かんばつ》（水不足）の時に喉《のど》が渇《かわ》いた者に水を与え、寒さに凍《こご》えている者に火を与えるようなものである。

【背景】本抄は弘安《こうあん》3年(1280年)12月、日蓮大聖人が59歳の時に身延で著《あらわ》された、青年門下の南条時光《なんじょうときみつ》へのお手紙である。別名を「須達長者御書《すだっちょうじゃごしょ》」という。

熱原《あつはら》の法難を一つの山として、大聖人門下は権力からの迫害を受けていた。時光はこの法難で同志をかくまったため、幕府から不当な重税《じゅうぜい》を課せられ困窮《こんきゅう》していたが、純粋な信心を貫《つらぬ》き大聖人の身を案じて白米や芋などの御供養を届けていた。

本抄で大聖人は、困難な中でも供養を届けた時光の真心を賛嘆《さんたん》し、強き信心が成仏の要諦《ようてい》であると教えられる。残りわずかな食料を仏弟子に供養した須達長者が大長者となった故事などを通して、法華経の行者《ぎょうじゃ》に供養する功徳の大きさを示されている。

【解説】自分にとって大切なものを法華経のために供養する。まさに必要としているものを法華経の行者にささげる。日蓮大聖人は、南条時光のその真心を最大にたたえられている。

人材育成の行動も、こうした供養の精神に連《つら》なる実践といえよう。それは、多忙な日々の中で貴重な時間と労《ろう》を惜《お》しまず、法華経の行者に尽《つ》くしているからだ。

大聖人は今回の範囲の直前で、人に物を教えるとは重い車の車軸《しゃじく》に油を塗《ぬ》ることで回りやすくしたり、船を水に浮かべていきやすくしたりするようなものであると仰《おお》せになっている。励《はげ》ましとは、相手が前に進むよう無理やり後ろから押すことでもなければ、本人が乗り越えなければならないことを肩代《かたが》わりすることでもない。「相手の立場に立って」励まし、「相手の心を軽くし、強く、明るくしていく」ことが人材育成の要《かなめ》である。

そしてそのためには、相手が求めていることを知ることが不可欠である。

今回の御文で大聖人は〝旱魃《かんばつ》に遭《あ》う人に水を、寒さに凍《こご》える人に火の温《ぬく》もりを与える〟との譬《たと》えを紹介されている。相手の状況を知り、何を必要としているのかを見極め、尽くしていくことが大切であるとの御指南である。〝仏になる道も、別のことではない〟と仰せのように、その実践は、関わる側の仏道修行でもあるのだ。

1953年（昭和28年）1月、25歳で男子部の第1部隊長に就任《しゅうにん》した池田先生は、翌年3月までに部員数4倍に迫る拡大を成し遂《と》げた。先生は戦いの中で時間をこじ開けて個人指導を重ね、なかなか会えないメンバーに手紙を書き送られた。時には下町地域で残業の多い同志と自宅で共にレコードを聴《き》いたり、戸田先生から作り方を教わったカレーライスを振る舞ったり、一人一人の状況に合わせて励ましを送り続けた。

歴史的な人材拡大のうねりは、共に時を過ごして思いをくみ取り、真心を尽くしていく中で生まれていったのである。

池田先生はかつて、青年部のリーダーからの人材育成に関する質問に答えてこう語っている。

「教えるといっても、相手が聞きたくない時に、無理に話しても心に入らない。相手の求道《どう》に応《こた》え、いい機会をとらえて、伝えていけばいい」

「すべての人に同じように接すればいいということはありえない。相手のことをよく知ったうえで、『相手のために、今、あえて話しておかねばならない』という場合もあるだろう。大切なのは、友の心を知り、時と場合に応じて語っていく、人間哲学者の直観《ちょっかん》の智慧である」

さらに先生は、小説『新・人間革命』第26巻「奮迅《ふんじん》」の章で、「人材育成とは、一緒に動くなかで、学会の精神と活動の在り方を教えていくところから始まる」とつづった。

学会の伝統は「後輩を自分以上の人材に」という精神であり、〝人材を育てる人が真の人材〟である。同志と共に祈り、共に行動し、共に弘教《ぐきょう》拡大に挑戦し、皆で成長の節を刻《きざ》んでいきたい。

TALKテーマ

相談すること

Q　なぜ悩みを話すの？

A　励《はげ》まし合い、共に成長するため

中村区男子部大学校団長　川口君、お疲《つか》れさま！　さっきはオンラインの会合ありがとう。ずっと画面がオフになっていたけど、移動中だったかな？

川口ニュー・リーダー　あ、すみません。家にいたんですが、今日は聞くだけにしていました。学会の会合って、自分の悩みを赤裸々《せきらら》に話したり相談したりすることがあるじゃないですか。男子部の先輩たちは、普段から「何でも話してね」と言ってくれるのですが、自分はそういうのちょっと苦手で……。

中村　そうだったんだ。話してくれてありがとう。人それぞれだから、無理して会合で悩みを打ち明けなくても大丈夫だよ。悩みによっては、話しにくいこともあるよね。でも、もし自分で抱《かか》えきれなくなりそうだったら、信頼できる先輩に、率直《そっちょく》に相談してみてほしいな。

川口　なんだか悩みを話すと、迷惑を掛けてい

登場人物 **中村区男子部大学校団長：**20歳の時に入会。情熱に燃える新進気鋭のリーダー。34歳。
川口ニュー・リーダー：男子部大学校生。内気な性格の24歳。路線バスの運転手。

るようで気が引けます。

中村 迷惑なんてことはないよ。日蓮大聖人は「一切衆生《いっさいしゅじょう》の異《い》の苦を受《う》くるは、ことごとくこれ日蓮一人の苦なるべし」（新1056ページ・全758ページ）と仰《おお》せになっている。皆の苦しみを自分の苦しみと捉《とら》えていくのが、大聖人の御精神なんだ。川口君に悩みがあれば、僕たちも一緒に悩みと向き合って、その解決を祈っていきたいと思っているよ。

川口 そこまで言ってもらえると心が軽くなります。

中村 御書に「植《う》えた木であっても、強い支《し》柱《ちゅう》で支《ささ》えれば、大風が吹いても倒れない」（新1940ページ・全1468ページ、通解）とある通り、大聖人は、支え合う善知識《ぜんちしき》（善《よ》き方向に導《みちび》いてくれる師や同志）の絆《きずな》が、いかに大切かを教えられている。創価学会は、一人一人が苦難を勝ち越えられるよう互《たが》いに励《はげ》まし、支え合っている団体なんだ。僕も、入会したばかりの頃は随分《ずいぶん》と先輩に相談に乗ってもらったよ。その場で解決しないこともあったけど、相談したことで「必ず乗り越えよう」と強く決意できたし、祈りも深まっていったよ。

川口 悩みをシェアすることで、前向きな力を出せるのが学会なんですね！

中村 悩みがあるってことは、今の状況を何とかしたいという向上心がある証拠。仏法では「煩悩即菩提《ぼんのうそくぼだい》」と言って、悩みは、自分が成長して人間革命するための大きなエネルギーと捉えるんだ。

川口 悩みがエネルギーになるなんて、考えたこともありませんでした。

中村 もし、話を聞いてほしいと思ったらいつでも連絡してね！ 皆で一緒に成長しよう！

ONE GOSHO
22
松野殿御返事《まつのどのごへんじ》（十四誹謗《じゅうしひぼう》の事《こと》）——同志を仏の如《ごと》く敬《うやま》う

御文

忘れても法華経を持《たも》つ者をば互《たが》いに毀《そし》るべからざるか。その故は、法華経を持つ者は必ず皆《みな》仏なり、仏を毀っては罪を得《う》るなり。

（新1988ページ・全1382ページ）

【通解】決して、法華経を持《たも》つ者を互《たが》いに謗《そし》ってはならない。その理由は、法華経を持つ者は必ず皆仏であり、仏を謗れば罪となるからである。

【背景】 本抄は建治《けんじ》2年(1276年)12月、駿河国《するがのくに》(静岡県中央部)の門下である松野六郎左衛門《まつのろくろうざえもん》に宛てられたお手紙。別名を「十四誹謗《じゅうしひぼう》の事」という。

日蓮大聖人が唱える題目と、自分たちが唱える題目では、功徳に相違があるかとの松野入道の問いに対し、大聖人は全《まった》く違いはないとして、仏法の功徳において万人が平等であることを説かれている。その上で、〝万人に仏性《ぶっしょう》がある〟とする心に背《そむ》いて唱えるならば、その功力《くりき》には違いがあるとされ、「十四誹謗」(14種の法華経への誹謗)を犯《おか》すことのないよう戒《いまし》められている。

【解説】 法華経では、誰も差別することなく万人が成仏できることが説かれている。本抄で、〝題目の功徳に相違はない〟ことを明らかにされた日蓮大聖人は、「十四誹謗」を通して、振る舞いの在り方について御教示されている。

十四誹謗とは、14種の法華経誹謗のこと。その中に、正法を行ずる人を「軽蔑《けいべつ》すること(軽善《きょうぜん》)」「憎《にく》むこと(憎善《ぞうぜん》)」「嫉《そね》むこと(嫉善《しつぜん》)」「恨《うら》むこと(恨善《こんぜん》)」がある。これらを踏まえて、拝読御文では「仏を毀《そし》っては罪を得《う》るなり」と、共に広布に歩む同志について誹謗することを、強く戒められている。

その理由として、大聖人は、「法華経を持《たも》つ者は必ず皆仏《みな》なり」と仰《おお》せである。さらに、そう心得《こころえ》て唱える題目の功徳は、「釈尊の御功徳《おんくどく》」に等しいと断言されている。

また、どのような人であっても、法華経を一言でも説く人を「当起遠迎《とうきおんごう》、当如敬仏《とうにょきょうぶつ》（当《まさ》に起《た》って遠く迎うべきこと、当に仏を敬《うやま》うが如《ごと》くすべし）」（法華経677ページ）の精神で敬うべきであることや、法華経を持っていない人をも礼拝《らいはい》すべきことを、本抄で御指南されている。

「法華経を持つ者」との仰せには、「人」ではなく、実践する「法」に重きが置かれているとも拝される。つまり、立場などを超えて、法を深く理解している人であれば、求めて話を聞いていく姿勢が大切である。

本抄でも、大聖人は弟子の三位房《さんみぼう》に言及され、〝世間から見れば高い位ではないものの、法華経の理解があるから仏のように敬って、法門について尋《たず》ねてみなさい〟と仰せである。

全《すべ》ての人に仏性があると信じ、尊敬し、たたえていく——この法華経の根本精神を、改めて深く拝するのが本抄である。

私たちの日常の学会活動にあっても、広宣流布に励《はげ》む同志一人一人を仏の如く尊《とうと》び、どんな挑戦も最大にたたえていく心と振る舞いの中でこそ、大福運が自他共の生命に刻《きざ》まれていく。

皆が広布を目指して真剣であるからこそ、時には、学会組織の中で意見や感情がぶつかり合うことも、現実にはあるかもしれない。大切なことは、〝共戦《きょうせん》の同志との触れ合いは、自身も皆も、共に成長できる機会〟と捉《とら》えていくことではないだろうか。

苦手に思うような相手をも「仏の如く」敬う――そうした自分自身になることが、人間革命の第一歩である。

そして、自《みずか》らの人間革命に挑《いど》む一人一人が、互《たが》いに寄り合い、心からたたえ合う中に、異《い》体同心《たいどうしん》の固い団結が生まれ、広布の推進力も増していくことは間違いない。

池田先生はつづっている。

「信心に励んでいる私たちは、どのような役職や立場にあろうが、皆、仏子であり、平等であります。互いに、仏を敬うがごとく、尊敬し、信頼していくのが、本来の姿です」と。

自分自身が学び、境涯《きょうがい》を開き、成長した分だけ、皆と共に前進でき、広宣流布の伸展は加速する。そう確信して、同志の絆《きずな》も固く、朗《ほが》らかに進んでいきたい。

TALKテーマ

団結の意味

Q　性格が合わない人がいたら……
A　個性の「掛け算」が広布の力に

藤河ニュー・リーダー　会合でよく「団結しよう」って聞きますが、どういう意味ですか？「仲良く」って意味なら、日頃、SNSで友達とつながることとかもそうですよね？

新井区男子部長　うーん。もちろん「仲良く」も大切だけど、それよりも深い関係とも言えるんじゃないかな。仕事でもスポーツでも、どんな組織にも必ず目指す目的や目標があるよね。それを達成するために、職場やチームで力を合わせるのが「団結」だと思うんだ。創価学会という仏《ぶつ》意《い》仏勅《ぶっちょく》の組織は、「広宣流布」という大目的と、一人一人の「人間革命」という人生の目標のために、団結して、世界中に幸福の連帯《れんたい》を広げているんだよ。

藤河　〝組織〟って聞くと、何だか自分を犠牲にして〝歯車〟になるようなイメージです……。

新井　学会の団結は〝個性の尊重〟が前提なんだ。日蓮大聖人は「総じて日蓮の弟子たちが、

登場人物
新井区男子部長：学会3世の38歳。後輩の育成に全力を注ぐ、信頼厚きリーダー。
藤河ニュー・リーダー：人見知りな性格を変えたいと男子部大学校に入校。社会人2年目の20歳。

自分と他人、彼《かれ》と此《これ》という分《わ》け隔《へだ》ての心をもたず、水と魚のように互《たが》いに親密な思いを抱《いだ》き、異体同心《いたいどうしん》で南無妙法蓮華経と唱えたてまつるところを『生死一大事《しょうじいちだいじ》の血脈《けつみゃく》』というのである。しかも今、日蓮が弘通《ぐつう》する所詮《しょせん》（結論の教え）はこれである」（新1775ページ・全1337ページ、通解）と仰《おお》せだ。「一心同体」じゃなくて「異体同心」。つまり、「異体」としての個性を生かしながらも、同じ目的へ「同心」の団結で進んでいくんだよ。

藤河　異体だけど、同心で進んでいく……。なんだか難しそうですね。

新井　皆が皆、立場も性格も生活環境も違う。だけど、広宣流布の大目的に向かって心を合わせながら、それぞれの立場で信心に励《はげ》み、幸福境涯《きょうがい》を実現していく歩みそのものが、異体同心の深い団結の姿なんだよ。

藤河　でも、組織の中に性格が合わない人がいたら……。

新井　大事なのは、〝合う、合わない〟じゃなくて、自分と〝異なる人〟とも積極的に関《かか》わろうとする心だと思う。〝好き嫌い〟という一時的な感情に流されるのではなく、〝広宣流布のために心を合わせていこう〟と深く一念を定《さだ》める時、相手の良さだって必ず見えてくるはずだよ。

藤河　皆と団結できること自体が、自身の成長の証《あかし》なんですね。

新井　その通り！　池田先生は、「団結の力は、たんなる『足し算』ではない。何倍何十倍にも威光勢力《いこうせいりょく》を増す『掛け算』なのである」と言われている。藤河君も、多彩な男子部の仲間たちと心一つに、さらなる成長を目指して切磋琢磨《せっさたくま》していこう！

藤河　はい！　頑張ります！

ONE GOSHO

23

上野殿御消息《うえのどのごしょうそく》（四徳四恩の事《しとくしおんのこと》）

——誠実な振る舞いを貫く《つらぬく》

御文

友におう《合》て礼《れい》あれとは、友達の一日に十度二十度来《きた》れる人なりとも、千里《り》二千里来れる人のごとく思うて、礼儀《れいぎ》いささかおろ《疎》かに思うべからず。

（新1850ページ・全1527ページ）

【通解】「友に会ったら礼儀《れいぎ》正しくあれ」というのは、友達で1日に10度、20度訪《たず》ねてくる人であっても、千里、2千里も遠方から訪ねて来る人のように思って、少しも礼儀を欠《か》くようなことがあってはならない、ということである。

【背景】 本抄は建治《けんじ》元年（1275年）、日蓮大聖人が54歳の時に身延で著《あらわ》され、駿河国《するがのくに》（静岡県中央部）に住む、17歳の南条時光《なんじょうときみつ》に送られたお手紙である。

時光は7歳の時に父を亡《な》くし、信心強盛《ごうじょう》な母のもと若くして家督《かとく》を継《つ》いだ。

本抄を頂く前には、兄を不慮《ふりょ》の事故で亡くしたとも伝えられており、一家の柱として、重《じゅう》責《せき》を担《にな》う時光の、さらなる成長を期待して送られた御書である。

大聖人は仏法の観点から「四恩《しおん》」、儒教等の教えの観点から「四徳《しとく》」を挙げられ、若く人生経験の少ない時光に、磨《みが》いていくべき人間的資質について教えられている。

【解説】 本抄で日蓮大聖人は、若くして重責を担うことになった時光に対し、仏法者としての振る舞いの在り方を現実の生活に即して御教示されている。

冒頭、いにしえの賢人たちが大切にしてきた四つの徳――「父母への孝行《こうこう》」「主君への忠《ちゅう》義《ぎ》」「友への礼儀」「立場の弱い人への慈悲」を示される。この「四徳」は外典《げてん》（仏教以外の書籍）である儒教などの教えを用《もち》いられたものだが、仏法への理解を助けるものであると位置づけられている。

今回学ぶ範囲は、四徳の具体的な実践のうち、「友への礼儀」に言及された箇所である。大聖人は、〝1日に何度も訪《おとず》れる人であっても、遠方から来る人のように思って礼儀を欠いてはならない〟と仰《おお》せである。このことは、どんな人に対しても誠実に接していく大切さを説かれていると拝される。

遠方から訪《たず》ねてきた友人に、その労をたたえ、〝疲《つか》れていないか〟などと配慮するように、たとえ近しい友人であっても、相手を思いやり、尊重していく姿勢が重要なのである。

大聖人は、「四徳」の通りに振る舞う人は「賢人」であり、「聖人」であると仰せである。さらに、この四徳があれば「他の事は多少優《すぐ》れていなくても善《よ》き人なのである」（新1851ページ・全1527ページ、通解）と述べられる。

近隣をはじめ、身近な人に礼を尽《つ》くす実践の模範を示してきたのが池田先生である。

青年時代に東京・目黒区三田から大田区山王に転居した折（1952年）、先生は名刺を片手に近所のあいさつ回りに歩いた。近隣の方々と顔を合わせるたびに声を掛け、心を通わせたと述懐《じゅっかい》している。夜に同志が自宅を訪ねてきた時には、翌朝、〝うるさくなかったですか……〟と、近所への配慮も忘れなかった。世界に友情を広げていった先生の振る舞いの根本には、こうした目の前の一人を敬《うやま》う真心があった。

先生は語っている。

「身近な人が大切である。その人を宝のごとく大事にすることである。そして、だれに対しても誠実に、礼節《れいせつ》をわきまえて接することである。誠実ほど強いものはない。私も世界に友人をつくった。『誠実』ひとつで、つくったのである。誠実で築《きず》いたものは、壊《こわ》れない。策でつくったものは、やがて崩《くず》れる」

SNSが普及し、特に2020年以降、コロナ禍《か》の影響で、オンラインによる交流が増えている。コミュニケーション自体が容易な時代だからこそ、今回の御文に照らして、〝遠い道のりを来た人〟のように、相手を敬い、「ありがとう」と感謝を言葉に出して、相手の話に耳を傾ける姿勢を忘れずにいたい。

目の前の一人を敬う万人尊敬の行動こそ、仏法の魂《たましい》であり、そうした相手を思いやる心を深めていく原動力が日々の勤行・唱題と学会活動なのである。

自《みずか》らが友人にとって〝善き友〟になることから、学会理解は大きく広がる。このことを確信し、地道に誠実に対話を広げていきたい。

TALKテーマ

家族が未入会

Q　妻と信心したいです

A　どこまでも家族の幸福を祈ることから

中村区男子部大学校団長　来週は、創価ファミリー大会だね！

関口ニュー・リーダー　そうですね。できれば未入会の妻や娘と一緒に参加したいんですが、まだ誘えてなくて……。

中村　ご家族に学会のことを知ってほしいっていう、関口君の心が素晴らしいね。

関口　以前にも妻を座談会に誘ったことがあるんですが、「私はやらない」の一点張《ば》りで……。僕の学会活動には、反対しないんですけど。

中村　一緒に暮らす夫婦だからこそ、信心の話をするのは本当に難しいよね。焦《あせ》ることはないよ。関口君の姿を見ているんだから、必ず思いは通じていくからね。ところで、ご家族は今どうされてるの？

関口　今は、家で妻が娘の面倒をみてくれています。

中村　ありがたいね。そうした奥さんのサポー

登場人物
中村区男子部大学校団長：20歳の時に入会。情熱に燃える新進気鋭のリーダー。34歳。
関口ニュー・リーダー：未入会の妻と娘と暮らす学会3世の27歳。和楽の家庭を築くため信心に励む。

トがあるから、元気に学会活動ができる。まずは、普段の小さなことから、奥さんに感謝の気持ちを伝えることが大切だよね。

関口　照れますけど、「ありがとう」って言ってみます。

中村　僕の妻の家庭も昔、同じような状況だったんだ。義理の母が信心をしていて、義父は信心に関心がなかった。でも、娘、つまり僕の妻が低体重で生まれた時に、義母から「一緒に祈ってほしい」と言われて、義父は初めて題目を唱えたんだ。不安でしょうがなかったみたいだけど、娘がすくすく成長していく姿を見て入会した。でも入会動機は娘のことだけではなくて、「母さんがいつも〝家族の幸せのために〟って祈っていたことをずっと見てきたからな」って振り返っていたよ。

関口　そうなんですね。

中村　一家の幸福を真剣に祈っていけば、〝家族を思う日頃の振る舞い〟は全部、家族への折《しゃく》伏《ぶく》になっていく。池田先生は「信心のことで、感情的になって争《あらそ》ってはならないし、焦ってもならない」「信心をしている一人が、どこまでも家族を愛し、大切にしていくことです」と指導されているよ。

関口　信心の話をすることだけが折伏じゃないんですね。

中村　池田先生も19歳で入信し、家族の中で理解を広げてこられたんだよ。関口君も、信心で自分自身を磨《みが》いて、家庭に希望を送っていく存在へ人間革命していこう。仏縁《ぶつえん》で結《むす》ばれた奥さんと、お互《たが》いに尊敬し合える関係を築《きず》いてね。ファミリー大会のことも、自分らしく誠実に話していけばいいと思うよ！

関口　はい！　自分の思いを伝えていきます！

ONE GOSHO
24

撰時抄《せんじしょう》――自《みずか》らが広布拡大の「一滴《いってき》」に

御文 衆流《しゅる》あつまり《集》て大海となる。微《み》塵《じん》つもり《積》て須弥山《しゅみせん》となれり。日蓮が法華経を信じ始めしは、日本国には一渧《いったい》一微塵のごとし。法華経を二人・三人・十人・百千万億人唱《とな》え伝《つた》うるほどならば、妙覚《みょうかく》の須弥山ともなり、大涅槃《だいねはん》の大海ともなるべし。

（新205ページ・全288ページ）

【通解】多くの川の流れが集まって大海となり、小さな塵《ちり》が積もって須弥《しゅみ》山《せん》となったのである。日蓮が法華経を信じ始めたのは、日本国にとっては、一滴《いってき》の水、一粒の塵のようなものである。やがて、二人、三人、十人、百千万億人と、人々が法華経の題目を唱え伝えていくならば、妙覚《みょうかく》の須弥山ともなり、大涅槃《だいねはん》の大海ともなるであろう。

【背景】 本抄は、建治元年《けんじがんねん》（1275年）、日蓮大聖人が身延で著《あらわ》され、駿河国《するがのくに》・西山（静岡県富士宮市西山）の由井《ゆい》（由比）氏に与えられた。由井氏の詳細《しょうさい》は定《さだ》かではない。この前年、蒙古《もうこ》（モンゴル帝国）が襲来《しゅうらい》。大聖人が「立正安国論《りっしょうあんこくろん》」で予言された他国侵逼難《たこくしんぴつなん》（他国からの侵略）が現実となり、社会が騒然《そうぜん》とする中で記された。題号の「撰時」は、「時を撰《えら》ぶ」、すなわち「広宣流布の時として末法を選び取る」との意である。

本抄で大聖人は、末法は法華経の肝心《かんじん》である南無妙法蓮華経が広宣流布する時であることを示され、不惜身命《ふしゃくしんみょう》で妙法を弘める大聖人こそ、一閻浮提《いちえんぶだい》第一の法華経の行者《ぎょうじゃ》であり、智人、聖人であることを明かされる。

【解説】 広宣流布の遠大な広がりも、〝一人〟から始まる――このことを明確に示されているのが今回の拝読御文である。

冒頭で日蓮大聖人は、「川の流れ」や「塵《ちり》」といった、小さなものがたくさん集まることで、「大海」や「須弥山《しゅみせん》（古代インド人の宇宙観で、一つの世界の中心にあると考えられていた巨大な山）」などの大きな存在が生み出される譬《たと》えを引かれ、広宣流布も、こうした「一滴《いってき》の水」「一粒の塵」から始まることを教えられている。

続く御文では、「日蓮が法華経を信じ始めしは、日本国には一渧一微塵《いったいいちみじん》のごとし」と仰《おお》せになっている。大聖人御自身が、日本において、法華経を弘める最初の「一人」であったことを示された箇所である。

さらに大聖人は「法華経を二人・三人・十人・百千万億人唱《とな》え伝《つた》うるほどならば、妙覚《みょうかく》の須弥山ともなり、大涅槃《だいねはん》の大海ともなるべし」と記され、一人の「法華経の行者」から、二人、三人と、多くの人々が題目を唱え、仏法が弘まっていくことを述べられている。

最初に立ち上がった「一人」が、あらゆる大難を勝ち越え、妙法を弘めていくならば、同じ志《こころざし》を持った次の一人、また次の一人へと、必ずつながっていく。そのために大切なのは、新たに立ち上がった一人もまた「唱え伝うる」人となることである。

だからこそ、私たち一人一人が「法華経の行者」であるとの自覚に立ち、自《みずか》らが唱題を実践するとともに、他者の幸福を願い、弘教《ぐきょう》に励《はげ》むことが、何よりも肝要《かんよう》であるといえよう。

大聖人はこの御文で、広宣流布の永遠の〝方程式〟を教えられていると拝することができる。

大聖人の御誓願を継《つ》ぎ、現代において世界広宣流布を実現するための、初めの「一滴」「一微塵」となったのが、創価三代の師弟である。

牧口先生・戸田先生の師弟不二の闘争、そして、師の大理想を実現せんとする池田先生の師子奮迅《ししふんじん》の戦いによって、地涌《じゆ》の連帯は世界192カ国・地域にまで広がった。

「一人立つ」精神で妙法を弘めた三代会長の死身弘法《ししんぐほう》の闘争があり、そしてそれに続く無数の人々の目覚めがあって、大聖人の仏法は世界宗教へと飛翔。今や、広宣流布は世界同時進行の時代を迎えている。

池田先生は次のように語っている。

「あらゆることは、一滴、一微塵から始まるのです。しかし、その一滴、一微塵が確かな存在であれば、同じ志で次の『一人』が立ち上がり、着実に積み重なっていきます」

目の前の「一人」の幸せを願う仏法対話や、少人数で互《たが》いを励まし合う集い、また、一対一の訪問激励――私たちの日頃の学会活動は、まさに広布の「一滴」から次の「一滴」を生み出し、幸福と希望の「大海」を広げゆく運動そのものである。

創価の師弟不二の精神を胸に、今いる場所で広布の潮流《ちょうりゅう》を起こしゆく〝一人〟となる誓願を一段と燃やしたい。

TALKテーマ

会合の意義

Q 指導会に参加するワケは?

A 自分も皆も成長するため

新井区男子部長 表情がさえないようだけど、何かあったかい?

倉木ニュー・リーダー 仕事で疲《つか》れている中、指導会に参加する意義を見いだせなくて……。

新井 それは申し訳なかったね。倉木君が〝来て良かった〟と思える指導会にしていかなきゃいけないね。

倉木 は、はい……。でも、心のどこかで、会合に参加しなくても、朝晩の勤行さえしていれば、いいんじゃないかって思ったりもするんですよね。

新井 正直な気持ちだね。僕も大学校生の頃は会合に参加する意義が分からなかった。でも、ある時の指導会で、何げなく職場の悩みを打ち明けたんだよね。そうしたら、みんなが〝一緒に祈ろうよ〟って言ってくれたんだ。うれしかったと同時に、思わず反省《はんせい》したよ。「自分はみんなの話を、ちゃんと聴《き》いていたかな」って。

登場人物
新井区男子部長：学会3世の38歳。後輩の育成に全力を注ぐ、信頼厚きリーダー。
倉木ニュー・リーダー：社会人2年目の24歳。自分を変えたくて大学校に入校した。

倉木　それ、今の僕と同じ感じかも……。

新井　自分も受け身ではなく、「何かを学ぼう！　みんなのことをもっと知ろう！」っていう気持ちで指導会に参加するようになったら、刺激《しげき》を受けることが多くなった。会合が楽しくなったし、毎日の勤行・唱題も、一段と力がこもるようになってね。仕事に取り組む姿勢も変化したんだ。

倉木　参加する側の気持ちが変わることが大事ってことですか？

新井　もちろん、会合を充実させる責任は、会合を開く側にあることは間違いないよ。その上で、男子部大学校の指導会は、主体者《しゅたいしゃ》意識をみんなで共有《きょうゆう》しながらつくっていきたいと、僕は思っているんだよ。

倉木　「主体者意識」ですか……。

新井　指導会の時、もっと、みんなの話に耳を傾《かたむ》けてごらんよ。必ずプラスになることがあるから。同時に、倉木君の発言もまた、みんなに気付きをもたらしたり、成長の糧《かて》になったりするはずだ。仏法では、仏道修行を共にしていく良き友人のことを「善知識《ぜんちしき》」というんだけど、「仏になるみち《道》は善知識にはすぎず《過》」（新1940ページ・全1468ページ）とある通り、善知識の集まりこそ創価学会の会合なんだ。

倉木　僕も善知識になるってことですか？

新井　もちろん！　すでに立派な善知識だよ。「もっといい指導会にしなきゃ」って、僕に決意させてくれたんだから（笑い）。

倉木　そう言われると、なんだか照れくさいですよ。でも、なんか、会合への参加の姿勢を変えていけそうな気がします。

新井　ありがとう。一緒に、これからも成長していこう。

ONE GOSHO
25

立正安国論《りっしょうあんこくろん》――「立正安世界《りっしょうあんせかい》」へ対話を

御文

汝《なんじ》、すべからく一身の安《あん》堵《ど》を思わば、まず四表《しひょう》の静謐《せいひつ》を禱《いの》るべきものか。

（新44ページ・全31ページ）

【通解】自身の安心を考えるなら、あなたはまず社会全体の静穏《せいおん》を祈ることが必要ではないのか。

【背景】「立正安国論《りっしょうあんこくろん》」は、文応《ぶんおう》元年（1260年）7月16日、日蓮大聖人が39歳の時、当時の実質的な最高権力者・北条時頼《ほうじょうときより》に提出された「国主諫暁《かんぎょう》の書」である。

御執筆当時は、大地震、大風、洪水等の自然災害が相次ぎ、疫病《えきびょう》や飢饉《ききん》のために、多くの人命が失《うしな》われた。中でも、正嘉《しょうか》元年（1257年）8月に鎌倉一帯を襲《おそ》った「正嘉の大地震」が、本書を執筆する直接の動機となったとされる。

本書は、天災や飢饉、疫病に苦しむ現状を嘆《なげ》く「客」と、その解決の道を示そうとする「主人」との、「問答形式」で記されている。大聖人は、不幸の根本原因は人々が正法に背《そむ》き、悪法を信じていることにあるとし、災難の元凶《げんきょう》として、法然《ほうねん》の専修《せんじゅ》念仏を厳しく破折《はしゃく》される。そして、速《すみ》やかに妙法に帰依《きえ》するように促《うなが》されている。

【解説】日蓮大聖人の生涯にわたる行動は、「立正安国論に始まり、立正安国論に終わる」といわれる。本書の提出を機に幕府などからの迫害が本格化。また、御入滅の直前に講義されたのも本書であったと伝わる。

題号の「立正安国」とは、「正《しょう》を立《た》て、国《くに》を安《やす》んず」と読む。「立正」とは、人々の心に正法を確立すること。つまり、生命尊厳《そんげん》の哲理である仏法の人間主義の思想を、民衆一人一人の胸中《きょうちゅう》に打ち立て、社会の基本原理としていくことである。その実践があってこそ「安国」という、社会の繁栄《はんえい》と平和を築《きず》くことが可能となるのだ。

大聖人は、この立正安国の実現に全力を注《そそ》ぎながら、その精神を、未来にわたって門下に継承《けいしょう》させる人生を歩まれたといえる。

本書が「問答形式」でつづられていることからも、末法の民衆の幸福と安穏《あんのん》を願う御本仏の大慈悲と、対話を重視されたお心を拝することができる。謗法《ほうぼう》にとらわれていた「客」が、道理と誠実を尽《つ》くす「主人」との語らいによって、妙法に帰依することを誓う——。十問九答の問答には、相手の心を開かせ、真実へ導《みちび》く〝対話の極意《ごくい》〟が示されている。

今回の拝読御文は、経典で説かれた「七難《しちなん》」のうち、まだ起こっていない自界叛逆難《じかいほんぎゃくなん》（内乱）と他国侵逼難《たこくしんぴつなん》（他国からの侵略）が競《きそ》い起こってくることを、大聖人が予言・警告《けいこく》される結論の箇所である。

「一身の安堵《あんど》」とは、自分自身の不安のない生活・境涯《きょうがい》のことであり、「四表《しひょう》」とは東西南北を指し、「静謐《せいひつ》」とは安穏、平和を意味する。つまり、自身の安泰《あんたい》を願うのであれば、世界の平和、自分を取り巻く社会の平穏を祈るべきであると教えられているのだ。

自分だけの幸福もなければ、他人だけの不幸もない――。この一節は、為政者《いせいしゃ》への諫暁《かんぎょう》であるとともに、仏法を実践する一人一人が胸に刻《きざ》むべき、永遠の指標でもある。

私たちの日々の学会活動は、一人一人が生命境涯を変革し、自身の幸福境涯を開くとともに、社会全体の変革をも成し遂《と》げ、安穏と平和を築いていくことを目指している。学会員はどの地域にあっても、より良い社会の建設に尽くそうと努力している。そして、悩める友がいれば駆け付け、寄り添い、励《はげ》ましを送ってきた。

今や、大聖人の御精神に連《つら》なる〝立正安国の連帯《れんたい》〟は地球を包《つつ》み、全世界の同志が「四表の静謐」を祈るという時代が到来している。池田先生はつづっている。

「我らは、広布と人生の祈りを一つ一つ成就《じょうじゅ》し、断固、社会と世界の大難を変毒為薬《へんどくいやく》していくのだ。地上から〝悲惨《ひさん》〟の二字をなくしたいと願われた恩師の心を継《つ》いで、立正安世界を祈り開いていくのだ！」

きょうの行動が、自分の未来を開く。地道な一人への対話が、世界の平和につながっていく。今こそ、私たちが、「立正安世界」を祈り、大きく対話を広げるべき時である。

TALKテーマ

政治参加

Q　何で政治に関わるの？

A　社会をより良くしていくため

中村区男子部大学校団長　長内《おさない》君、大学校に入って積極的に頑張っているね！　男子部の活動には慣《な》れたかな？

長内ニュー・リーダー　はい、先輩がたくさん声を掛けてくれて、楽しいです。そういえばこの間、先輩が政治参加について熱く語っていました。実は正直あまり興味がなくて、身近な人が政治について話しているのが不思議な感じがしました。どうして宗教団体である創価学会が、政治に関わっているんですか？

中村　いい質問だね。日蓮大聖人が著《あらわ》された「立正安国論《りっしょうあんこくろん》」を知っているかな？

長内　名前だけは……。

中村　大聖人は、その中で積極的に社会と関わっていく精神を示されているよ。仏法者は、自分の幸福を求めるのであれば、社会の繁栄《はんえい》を祈り、その実現のために積極的に行動すべきであることを示されているんだ。

登場人物
中村区男子部大学校団長:20歳の時に入会。情熱に燃える新進気鋭のリーダー。34歳。
長内ニュー・リーダー:男子部大学校生として新たな一歩を踏み出した23歳。

長内 なんとなく〝宗教と社会は別なもの〟というイメージでした。

中村 大聖人は、「国家の安危《あんき》は政道の直否《ちょくひ》に在《あ》り」(新854ページ・全170ページ)とも仰《おお》せになっているんだ。人々が幸福になっていく上で、政治が正しく行われているかどうかが大きな影響を持つことを教えられている。

長内 政治の場で決まったことが、僕たちの生活に影響するってことですね。

中村 だから戸田先生は、「青年は心して政治を監視《かんし》せよ」という遺訓《いくん》を残されている。政治を注視し、声を上げ、より良い方向へ導《みちび》いていくことが大切だと思うんだ。民衆の幸福を実現しようとすれば、国民の生活に大きく関わる政治から、目を背《そむ》けることはできない。池田先生も、大衆を基盤《きばん》とした政党の出現の必要性を感じられて、公明政治連盟、後の公明党を創立されたんだ。

長内 そういうことだったんですね。

中村 池田先生は、このように教えてくださっている。

「私たちは、仏法を奉《ほう》ずる信仰者でありますが、同時に社会人であり、国民として政治に参画し、一国の行方を担《にな》う責任があります」

僕たちが今いる場所で何ができるのかを、自《みずか》ら問い続けることが大切だと思うんだ。

長内 本当にそうですね。視野が広がった気がします。

中村 学会の支援活動の歴史は、政治に対する国民の意識を高め、国民の手に政治を取り戻してきた歴史ともいえる。一人一人に社会変革の主体者としての自覚を促《うなが》してきたのが、学会の対話運動なんだ。その誇りを胸に、理解を広げる対話に、一緒に挑戦しよう!

第6章

信心、師弟の精神を学ぶ

ONE GOSHO
26

椎《しい》地《じの》四《し》郎《ろう》殿《どの》御《ご》書《しょ》——信心根本こそ幸福の直道《じきどう》

御文

貴辺《きへん》すでに俗《ぞく》なり、善男《ぜんなん》子《し》の人なるべし。この経《きょう》を一文《もん》一句なりとも聴聞《ちょうもん》して神《たましい》にそ《染》めん人は、生死《しょうじ》の大海を渡《わた》るべき船なるべし。

（新1721ページ・全1448ページ）

【通解】（法華経法師品《ほっしほん》第10に基《もと》づけば、僧も俗《ぞく》も尼《あま》も女も、法華経の一句をも人に語る人は如来《にょらい》の使いであると説かれている）あなたは、すでに俗であり、この善男子《ぜんなんし》に当たる人なのである。この経を一文一句であっても聴《ちょう》聞《もん》して心に染《そ》める人は、生死《しょうじ》の大海を渡ることのできる船のようなものである。

【背景】本抄は日蓮大聖人が、鎌倉の椎地四郎《しいじのしろう》に与えられたお手紙であり、御執筆年についての詳細《しょうさい》は定《さだ》かではない。

椎地四郎に送られた御書は本抄のみで、どのような人物であったのか詳《くわ》しくは分かっていないが、地道に信仰を貫《つらぬ》いた門下であったと推察《すいさつ》されている。また、四条金吾《しじょうきんご》や富木常忍《ときじょうにん》に宛てた御書にその名が見られることから、各地の門下と大聖人のもとを行き来して、門下の様子を大聖人に報告し、大聖人のお心を門下に伝える役割を担《にな》っていたことがうかがえる。

本抄冒頭で大聖人は、四郎からの何らかの報告に対して、私心《ししん》なくありのまま正確に伝えたことを称賛《しょうさん》され、いよいよ信心に励《はげ》んで法華経の功徳を得ていくよう励まされている。

【解説】日蓮大聖人は、法華経を一文一句でも聞いて心肝《しんかん》に染《そ》める人は、出家・在家の立場や性別を問わず、等しく「如来《にょらい》の使い」であり、大海を渡る船のように、あらゆる苦悩を乗り越えていけると教えられている。

仏法では、苦悩が渦巻《うずま》く現実社会を「大海」に譬《たと》える。この大海を渡りきるには、妙法が顕《あらわ》された御本尊に対する信を鍛《きた》え、強めていく以外にない。

「聴聞して神にそめん」――つまり、正法を聞くだけでなく、心肝に染めて生きる根本とし、行・学を実践していく中で、生命は磨《みが》かれ、鍛えられていく。

大聖人は、在家として混迷する時代の真っただ中にいた椎地四郎に、妙法を根幹にした生き方を期待されたのである。

仏法は、何ものにも揺るがぬ幸福境涯《きょうがい》を開く方途《ほうと》を教えている。ゆえに教えを学ぶだけでなく、「如来の使い」として仏法を語り広げる実践は、世間のいかなる善行《ぜんこう》よりも、人間として尊《とうと》い行為なのである。そして在家の椎地四郎に呼び掛けられたように、誰もがそれを実践することで、「生死の大海」を渡ることができるのだ。

もとより、仕事の苦境《くきょう》や人間関係の悩み、病魔との闘いなど、人生は順調な時ばかりではない。しかし、順風の時も逆風の時も、学会活動を通して仏法を実践し、広宣流布に生き抜く人は、最も尊貴《そんき》な「如来の使い」であり、成仏の軌道《きどう》を進んでいけることは絶対に間違いないのである。

池田先生は語っている。

「自分より社会的に偉そうな人や、幸福そうに見える人が、いるかもしれない。しかし、妙法を信じ、弘める人は、すでに世界第一の幸福者であり、指導者なのである」

「現在の境遇《きょうぐう》がどうあれ、妙法を唱え、弘めゆく人は、すべて仏の使いである。はかりしれないほどの大福徳《だいふくとく》を積み、永遠の幸福への直道《じきどう》を歩んでいることを誇りにしていただきたい」

その上で、大聖人が繰り返し述べられているように、法華経は仏の真実の言葉であり、それを一言でも語る意義は計り知れない。相手の反応どうこうではなく、「語る」という行為自体が最高に尊いのである。

私たちの日常の実践に当てはめてみれば、唱題や研鑽《けんさん》に励む中でつかんだ信仰体験や歓喜、確信を、飾《かざ》らずありのまま伝えていくことである。

近年、感染症の拡大や自然災害の頻発《ひんぱつ》などにより、社会には不安が広がっている。仕事や日常生活において困難に直面することもあろう。

仏法者として社会の安穏《あんのん》と世界の平和、家族や友人の幸福を真剣に祈るとともに、そうした中だからこそ、仏法の希望の哲学を学び、心肝に染め、友人や同志に励ましを大きく広げていきたい。

TALKテーマ

教学の研鑽《けんさん》

Q　御書ってどう学べばいい？

A　自分に当てはめて拝してみよう

中村区男子部大学校団長　お疲《つか》れさま！　元気そうだね。

安藤ニュー・リーダー　コロナ禍《か》になっても毎週、勝利長（育成責任者）とウェブ会議アプリで、大学校指導集の感想を語り合うようになって、徐々に題目を唱える習慣が身に付いてきました。

中村　それはいいことだね！

安藤　御書の研鑽《けんさん》にも挑戦し始めたんです！でも、難しくて、心が折れそうです（笑い）。

中村　学ぼうとする姿勢がすごいじゃないか。

安藤　配信されていた男子部ＬＩＶＥ講義も活用していました。担当者の体験談もあって感動します。

中村　そうだね。その「信仰体験」に御書を学ぶ鍵《かぎ》があるんだ。

安藤　どういうことですか？

中村　御書には、僕たちが人生でぶつかる悩み

登場人物
中村区男子部大学校団長：20歳の時に入会。情熱に燃える新進気鋭のリーダー。34歳。
安藤ニュー・リーダー：大手金融機関に勤務する27歳。2年前に友人の紹介で入会した。

や日々の疑問に対する〝答え〟が書かれている。例えば、仕事に臨《のぞ》む姿勢とか、朝晩唱題をする意味とか。だから教学を学んで実践する人ほど、悩みに負けないし、勝利の体験を積むことができるんだよ。

安藤　御書に書かれていることって、昔の話だと思ってました。

中村　〝今の僕たちへのお手紙〟と捉《とら》えて、「自分に当てはめて拝する」ことが特に重要だと思う。僕もよく、〝心に残る御文〟を書いて、挑戦するように心掛けているんだ。御文の通りに実践して結果が出ると、〝こういうことだったのか〟と心の底から納得できるし、信心の確信も深まる。池田先生は「どの御書の一節でもよい。悩みと格闘《かくとう》し困難と戦いながら、深く心に刻《きざ》み、祈り、身で読みきっていく――これが、創価学会の『実践の教学』の真髄《しんずい》です」と言われているよ。

安藤　「身で読む」ってすごいですね！　でも御書は分厚いので、何から手を付けていいか分からなくて。

中村　僕が学び始めた頃は、会合で教えてもらった御文や聖教新聞で目にした一節を自分の御書の中で探して、線を引くことから始めたよ。すると、線を引いた箇所の前後は何て書いてあるんだろう、誰に宛てられたお手紙なんだろうって、徐々に興味が出てきたんだ。ほかにも、短くてもいいから一編の御書を選んで、読み深めていくのもいいと思う。すると他の御書も理解しやすくなるよ。

安藤　1ページ目から順番に読まなくてもいいんですね！　僕も好きな御書を見つけてみようと思います！

中村　よし！　一緒に、信心の原点を作ろう！

ONE GOSHO
27

報《ほう》恩《おん》抄《しょう》――感謝の心で拡大に疾《しっ》駆《く》

御文

仏教をならわ《習》ん者の、父母・師《し》匠《しょう》・国恩をわす《忘》るべしや。

この大恩をほう《報》ぜんには、必ず仏法をなら《習》いきわ《極》め智《ち》者《しゃ》とならで叶《かな》うべきか。

（新212ページ・全293ページ）

【通解】仏教を学ぶものが、どうして父母、師匠、国土や社会の恩を忘れてよいであろうか。

この大恩を報《ほう》ずるためには、必ず仏法を学び究《きわ》めて、智者とならなければ叶《かな》うことではない。

【背景】日蓮大聖人は若き日、安房国《あわのくに》（千葉県南部）の清澄寺《せいちょうじ》で修学に励《はげ》まれた。出家に際しての師匠が道善房《どうぜんぼう》である。

本抄は、道善房の死去《しきょ》の報を聞かれた大聖人が、建治《けんじ》2年（1276年）7月、亡《な》き師匠への追善《ついぜん》と報恩謝徳《しゃとく》のために、身延で著《あらわ》された御書である。修学時代の兄弟子である浄顕房《じょうけんぼう》と義浄房《ぎじょうぼう》に、本抄を道善房の墓前でも読むように伝言を添《そ》え、託された。

本抄で大聖人は、師恩に報《むく》いるための御自身の求道《きゅうどう》と弘教《ぐきょう》の御生涯を示されるとともに、三大秘法の南無妙法蓮華経の無量の功徳を明かされ、人類の未来を救う道を開いたことを宣言されている。

【解説】日蓮大聖人は本抄の冒頭で、恩に報いた動物の説話や中国古代の賢人の故事を引かれ、なおのこと仏法者は父母や師匠、国土・社会の恩を忘れてはならないと強調されている。「開目抄《かいもくしょう》」にも「仏弟子《ぶつでし》は必ず四恩《しおん》をしって知恩・報恩をいたすべし」（新58ページ・全192ページ）とあるように、大聖人は「恩を知る」ことの大切さを諸御抄の中で説かれている。

自身の周囲に目を向け、自分が多くの人に支《ささ》えられて生きていることに気付き、感謝の念を持つ。つまり、今まで〝当たり前〟だと思っていたことに深い意味を感じ、大きな恩があると「知る」ことが、報恩への第一歩である。そして、そうした全《すべ》ての恩に報いるためには、仏法を学び究《きわ》め、真の智者となって、人々を導《みちび》いていかなければならないと示されている。

大聖人は、別の御書の中で仏道を志《こころざ》した心情を振り返られ、「本《もと》より学文《がくもん》し候《そうら》いしことは、仏教をきわ《極》めて仏にな《成》り、恩ある人をもたす《助》けんと思う」（新1195ページ・全891ページ）と仰《おお》せになっている。〝恩ある人を生死の苦しみから助けたい〟――日蓮仏法の「出発点」には、「報恩の一念」があったのである。大聖人はその誓いのまま、度重《たびかさ》なる大難にも屈することなく、正法を掲げ、民衆救済《きゅうさい》の方途《ほうと》を確立された。

本抄は〝正法を弘める大聖人の大功徳が故・道善房に集まる〟と結ばれている。道善房は、最後まで念仏への執着《しゅうちゃく》を断ち切れなかった。そのような師匠であっても、弟子の妙法流布の功徳によって救うことができるのである。

また、本抄の末尾には、こうつづられている。「花は根にかえ《帰》り、真味《しんみ》は土にとど《留》まる。この功徳《くどく》は故道善坊の聖霊《しょうりょう》の御身《おんみ》にあつ《集》まるべし」（新262ページ・全329ページ）。妙法が広宣流布する功徳が故・道善房の身に集まると仰せである。弟子の勝利が師匠の勝利である。

こう決めて広宣流布に生き抜くことこそ、真の報恩の人生である。

その大道を歩んできたのが創価の師弟であり、なかんずく池田先生にほかならない。

1952年（昭和27年）、若き池田先生は、大聖人の御聖誕《ごせいたん》の月であり、恩師・戸田先生の誕生月でもある2月を荘厳《そうごん》しようと、蒲田《かまた》支部の同志と共に、圧倒的な弘教《ぐきょう》拡大を成し遂《と》げた。その「二月闘争」によって戸田先生の願業《がんぎょう》であった75万世帯への突破口が開かれたのである。また、恩師亡き後、師の写真を上着の内ポケットに納《おさ》め、世界中を駆《か》け巡《めぐ》り、仏法を192カ国・地域に広げた。

池田先生はつづっている。

「報恩は誓願を生みます。報恩は行動を生みます。報恩は勇気を生みます。報恩は勝利を生みます。報恩に徹《てっ》する人は、自身の生命を最高に磨《みが》き、境涯《きょうがい》を最大に勝ち光らせることができるのです」

〝師匠のために〟との決定《けつじょう》した一念から、無限の力が湧《わ》き上がる――これが、創価の師弟が示してきた広布拡大の方程式である。報恩の心を赤々と燃やし、勇気の対話拡大で、不滅の師弟の原点を築《きず》きゆこう！

TALKテーマ

親との関係

Q　父が信心に反対

A　自身の成長が最高の親孝行《おやこうこう》に

深野ニュー・リーダー　実は最近、家でおやじと口論になってしまうことが多くて。昨日も「こんな遅くまで何をやっているんだ」「また、学会の集まりか」と言われて。父は、学会活動のことをあまりよく思ってないみたいなんです。もともと反《そ》りが合わないのもあるんですけど……。

新井区男子部長　お父さんは、深野君のことを心配されているんだろうね。僕も普段、娘に小《こ》言《ごと》を言い過ぎて嫌われてそうだけど（苦笑）。親ってやっぱり、ささいなことでも意見を言いたくなるものだよ。

深野　そうかもしれないですけど……。信心のことを理解してほしいんですが、いくら言っても分かってもらえないんです。

新井　一番身近な家族の理解を得ることって、とても難しいよね。日常の姿を見られているからこそ、普段の振る舞いが本当に大切だと思うよ。例えば、きちんとあいさつをしたり、家の

登場人物　**新井区男子部長**：学会3世の38歳。後輩の育成に全力を注ぐ、信頼厚きリーダー。
深野ニュー・リーダー：信心の確信をつかみたいと男子部大学校に入校。社会人4年目の26歳。

手伝いをしたり。「今日は遅くなるけど、○時までには帰るよ」と一言伝えるだけでも、親御さんは安心するはずだよ。

深野　理解してくれないおやじが悪いと、一方的に思ってました。

新井　日蓮大聖人の門下にも、同じような悩みをもっていた人がいたんだ。池上《いけがみ》兄弟といってね、父親に信心を反対されて、兄・宗仲《むねなか》は2度にわたって勘当《かんどう》されてしまうんだ。それでも兄弟は、大聖人の度重《たびかさ》なる激励によって、心一つに信心を貫《つらぬ》き、最後には、その父親を信仰に導《みちび》くんだ。

深野　2回も勘当されたのに、信心をやめなかったのはすごいですね。

新井　大聖人は「我が身、仏になる《成》のみならず、そむき《背》しおや《親》をもみちびき《導》なん」（新1489ページ・全1092ページ）と仰《おお》せになり、池上兄弟の弟・宗長《むねなが》に対して、法華経から離れなければやがて親を信心に導いていけると励《はげ》まされた。信心の功徳で親をも包《つつ》み込んでいくことが、親《おや》孝行《こうこう》なんだ。実は池田先生も入信当初、お父さんに信心を反対されていたんだよ。

深野　そうなんですか!?

新井　先生は「法華経を持《たも》つ人は、父と母との恩を報ずるなり」（新1852ページ・全1528ページ）との御文を胸に、広布の戦いに身を投じられたんだ。また、先生は「まず自分自身が人間革命して、仏の生命を輝《かがや》かせていくことです。家族を大事にしていくことです。成長して、親を安心させていくことです」とも言われている。深野君自身が信心で成長すること自体が最高の親孝行だよ。まずは「お父さんの幸せ」を祈るところから始めよう！

深野　はい！　今日から実践します！

ONE GOSHO
28

華《け》果《か》成《じょう》就《じゅ》御《ご》書《しょ》 —— 創価三代の魂《たましい》を受け継《つ》げ

御文

よき弟子《でし》をもつ《持》とき《時》んば、師弟仏果《ぶっか》にいたり、あしき《悪》弟子をたくわ《蓄》いぬれば、師弟地獄《じごく》におつ《堕》といえり。師弟相違《そうい》せば、なに事も成すべからず。

（新1211ページ・全900ページ）

【通解】よい弟子をもつならば師弟はともに成仏し、悪い弟子を養《やしな》うならば師弟はともに地獄に堕《お》ちるといわれている。師匠と弟子の心が違《たが》えば何事も成就《じょうじゅ》することはできない。

【背景】本抄は弘安元年《こうあん》（1278年）4月、日蓮大聖人の故郷・安房国《あわのくに》（千葉県南部）の清澄《せいちょう》寺《じ》で活動する若き日の兄弟子・浄顕房《じょうけんぼう》と義浄房《ぎじょうぼう》に送られたお手紙である。この2年前、大聖人が仏門に入られた際の師匠であった道善房《どうぜんぼう》が死去《しきょ》。本抄は、三回忌に当たり著《あらわ》されたと考えられる。道善房は、大聖人の折伏《しゃくぶく》を受け、一時は、法華経の信仰を持つように見えたものの、結局は、念仏への執着《しゅうちゃく》を断ち切れなかった。そうした師に対しても、大慈悲の心で報恩感謝の念を示されているのが本抄である。

【解説】今回の拝読御文の前の部分では、稲が実《みの》る譬《たと》えが説かれており、それが題号の「華果《けか》成就《じょうじゅ》」の意義である。本抄で日蓮大聖人は、稲が「二度、華果《はなみ》成就するなり」（新1210ページ・全900ページ）と仰《おお》せである。最初の華果成就とは、稲が成長し、花を咲かせ、穂が垂《た》れるほど豊《ゆた》かに実ること。2度目は、実った稲は刈《か》り取られるが、米の精《せい》（大本《おおもと》の生命力）は消えず大地に収《おさ》まるゆえに、残った株から新たな芽が伸び、再び稲が実ることである。

　師弟の関係について、師匠の存在を大地、草木を弟子とした場合、師匠という大地から弟子という草木が成長し、花が咲き、実がなる（成仏する）ことが、最初の華果成就となる。米の精が大地にかえるのと同じく、その弟子の功徳が師匠に還《かえ》り、師匠をも成仏させゆくことが、2度目の華果成就となる。大聖人は本抄の冒頭で、「草木は大地がなくては生長することはできない」（同ページ、通解）等の比喩《ひゆ》を使い、弟子を大きく育《はぐく》んでくれる存在への理解と感謝を示されている。こうしたことから、御自身を育んでくれた旧師・道善房に対する、尽《つ》きせぬ報恩の心が伝わってくる。

道善房は最後まで念仏への執着を捨て切ることができなかった。たとえそのような師匠であっても、大聖人は弟子としての報恩を示され、御自身の妙法弘通《ぐつう》の大功徳を回向《えこう》していかれたのである。一切衆生《いっさいしゅじょう》を救済《きゅうさい》しゆく根本法を確立された大功徳を回《めぐ》らし向《む》ける——これ以上の報恩はない。

続く拝読箇所では、「華果成就」の原理から、〝よき弟子〟をもてば師弟共に成仏することができ、一方で邪道に迷う〝あしき弟子〟であれば、自身が成仏できないゆえに、師弟共に地獄に堕《お》ちてしまうと説かれている。そして、「師弟相違《そうい》せば、なに事も成すべからず」とあるように、「師弟不二」こそが、あらゆる勝利の鉄則であると示される。大事なことは、師弟の真価《しんか》の一切は「弟子」によって決まる、ということである。

人類の幸福と世界の平和を目指す広宣流布の未聞《みもん》の運動は、未来まで続く間断《かんだん》なき闘争である。ゆえに、師に続く弟子の実践に全《すべ》て懸《か》かっている。

真の「師弟の道」を示された大聖人に直結し、広宣流布の道なき道を切り開いてきたのが、創価三代の会長である。なかんずく、牧口先生、戸田先生の心をわが心として、先師・恩師の構想をことごとく実現し、創価学会を世界宗教へと飛翔させたのが池田先生である。その偉大な功績《こうせき》は仏法史に燦然《さんぜん》と輝《かがや》き続けるであろう。私たちにとって、先生の闘争は、まさに「よき弟子」の模範である。

先生は小説『新・人間革命』第22巻「新世紀」の章につづっている。

「師匠が、先人たちが、築《きず》き上げてきた敢闘《かんとう》の歴史は、その心を受け継《つ》ぎ、新しき戦いを起こそうとする後継の弟子によって、今に燦然たる輝きを放《はな》つのだ」

私たちは、世界広布の道を大きく開いた師匠への深い感謝を胸に刻《きざ》んでいきたい。そして、激動の時代にあって、民衆の幸福と世界の安穏《あんのん》を強く祈り抜きながら、智慧を発揮《はっき》し、広布伸展の新たな歴史を開きたい。苦難に直面した時こそ、〝弟子の真価〟が問われる。一人一人が、師から学んだ不屈《ふくつ》の学会精神を体現し、前進していこう。

TALKテーマ

師弟の精神

Q　師匠と弟子の関係とは？

A　信心で結《むす》ばれた心の絆《きずな》

中村区男子部大学校団長　聞こえる？　初めてビデオ通話を使ってみたよ。意外と、きれいに映《うつ》るね！

山川ニュー・リーダー　お疲《つか》れさまです。ちゃんと聞こえてますよ！

中村　この間、電話した時に「コロナ禍《か》で、会合で集まれない期間だからこそ、一緒にじっくり小説『新・人間革命』を学んでいこう」って話したから、感想を聞きたいと思って。

山川　はい。家にいる時間が長いので、毎日、読んでいます。いつも思うことがあるんですけど、小説に出てくる学会員さんたちは、師匠から直接励《はげ》まされて、うらやましいなって感じます。僕にとって〝師弟〟ってどういうことだろうって考えるようになりました。

中村　深いね！　僕も入会してから思索《しさく》したけど、仏法の師弟って〝会う、会わない〟は関係ないと思う。例えば、日蓮大聖人の門下の中に

は、一度も大聖人にお会いしたことがなくても、命懸《が》けで信心を貫《つらぬ》いた弟子もいたんだ。

山川　すごい求道心《きゅうどうしん》ですね。

中村　僕は入会当初、男子部の仲間が「師匠にお応《こた》えしよう」って頑張ってる姿を見ても、それがどういうことなのか、正直、分からなかった。でも悩んで苦しかった時とか、折伏《しゃくぶく》に全力で挑戦した時とか、池田先生の言葉がじんと心に響《ひび》いて、闘志が湧《わ》いてきたことがあってね。その言葉は今も自分の支《ささ》えになってる。〝これが師匠の存在か！〟って気付いたんだ。

山川　僕も、仕事で悩んだ時に読んだ指導の一節が、ずっと心に残っています。

中村　信心では、師匠は弟子に一生成仏、人間革命の道を教えてくださる存在なんだ。逆から見れば、弟子が〝学ぼう〟〝実践しよう〟と決意することで、師弟が成り立つ。ということは、時間も空間も超えて、信心でつながるのが師弟だと思うんだ。

山川　確かに、聖教新聞を見るとアフリカとか南米の人たちも弟子として決意している話があって、距離は関係ないんだと感じます。

中村　すごいよね。池田先生は、「（戸田）先生ならば、どうされるか。今の自分をご覧になったら、なんと言われるか――常に自身にそう問い続けています」と述べられている。先生は、常に師匠と心で対話されているんだ。

山川　僕も、新たな決意で『新・人間革命』を研鑽《けんさん》していこうと思います。

中村　そうだね。例えば毎朝、聖教新聞を読んで、何か一つの指導を胸に刻《きざ》んで、仕事や生活に臨《のぞ》む。そうした姿勢からも〝師匠と生きる一日〟が生まれると思うよ。

山川　はい。また今日から頑張ります！

ONE GOSHO
29

寂《じゃく》日《にち》房《ぼう》御《ご》書《しょ》 ―― 使命の自覚が勝利を開く

御文

かかる者の弟子《でし》檀那《だんな》とならん人々は、宿縁《しゅくえん》ふかしと思って、日蓮と同じく法華経を弘《ひろ》むべきなり。法華経の行者《ぎょうじゃ》といわれぬること、はや不祥《ふしょう》なり、まぬか《免》れがたき身なり。

（新1270ページ・全903ページ）

【通解】 このような日蓮の弟子檀那《だんな》となる人々は、宿縁《しゅくえん》（過去世の縁）が深いと思って日蓮と同じく法華経を弘めるべきである。（末法の悪世で、あなた方が）法華経の行者《ぎょうじゃ》と言われていることは、もはや（世間の基準からいえば）不運なことであり、免《まぬか》れ難《がた》い身である。

【背景】本抄は、弘安《こうあん》2年（1279年）9月16日、58歳の日蓮大聖人が安房《あわ》（千葉県南部）方面に住んでいたと考えられる門下のために著《あらわ》され、弟子の寂日房《じゃくにちぼう》に託されたお手紙である。

本抄を頂いた人は、その内容から、御本尊を授与された女性門下であると考えられる。

本抄では、受けがたい人身を受け、あいがたい仏法にも出あって、「題目の行者《ぎょうじゃ》」となったと仰《おお》せである。

次に、法華経を身で読まれた事実を通して、御自身こそ「日本第一の法華経の行者」（新1269ページ・全902ページ）であると宣言される。そして、大聖人の弟子となった人々は深い宿縁《しゅくえん》を自覚して、大聖人と同じく妙法を弘めていくべきであるとつづられている。

【解説】日蓮大聖人は本抄で、経文通りの難を受けた御自身のお立場を「日本第一の法華経の行者なり」と宣言された。さらに、掲《かか》げた御文の直前では、法華経に説かれる、地涌《じゆ》の菩薩《ぼさつ》の上首《じょうしゅ》（リーダー）、上行《じょうぎょう》菩薩の自覚に立って戦い抜いたことを示された上で、「かかる者」と、御自身のことを表現されている。

「宿縁ふかし」とは、大聖人と門下が、過去世からの地涌の誓いのままに悪世《あくせ》末法に生まれてきたことを教えられている。つまり、末法の広宣流布を担《にな》う、「地涌の菩薩」の使命を自覚するよう促《うなが》されているのだ。

そして「日蓮と同じく」――すなわち、いかなる大難が起ころうとも断じて屈《くっ》することなく、師と同じ心で、民衆救済《きゅうさい》の大仏法を弘通《ぐつう》し抜いていくのだと、呼び掛けられている。

師弟の契《ちぎ》り。それは決して偶然のものではない。私たちが今、あいがたい仏法に巡《めぐ》りあい、偉大な師匠と共に生まれ合わせていることが、どれほど深い宿縁によるのか。その〝師弟の宿縁〟を自覚した時、自身の無限の可能性を発揮することができる。いかなる困難も〝成長への好機《こうき》〟に変えることができるのだ。

この後、「法華経の行者」といわれることを「不祥《ふしょう》」、すなわち〝不運《ふうん》〟であると言われている。確かに、困難が多い法華経の行者の姿を「世間的な眼《まなこ》」で見たならば、不運と映《うつ》ることもあるかもしれない。

しかし、「仏法の眼」で見れば、師と同じく難を受け、一生成仏の道を開くことができること以上の幸福はない。広宣流布を進めるがゆえに、難に遭《あ》うことは必然であり、決定《けつじょう》した信心に立つよう、覚悟を促されていると拝される。

三類《さんるい》の強敵《ごうてき》による、数々の大難に勝利された大聖人の御精神を、寸分《すんぶん》たがうことなく受け継《つ》いだのは、創価三代の「師弟」にほかならない。創価学会は、「日蓮と同じく」との仰せの通りに〝師弟不二《ふに》の信心〟を貫《つらぬ》いてきたがゆえに、大聖人の御遺命《ごゆいめい》である世界広宣流布を現実のものとすることができたのだ。

池田先生は、小説『新・人間革命』第24巻「厳護《げんご》」の章でつづっている。「広宣流布の使命を自覚し、人びとに救済の手を差し伸べる、弘教《ぐきょう》という行動のなかに、大聖人の大精神が、地涌の菩薩の大生命が脈動《みゃくどう》するのである」と。

師弟とは、弟子の自発的な意志があってこそ成立する「魂《たましい》の結合《けつごう》」である。師を求め抜いての、民衆を救いゆく折伏《しゃくぶく》・弘教の実践があってこそ、初めて仏法の偉大さを休得《たいとく》することができる。そして、勝利の人生を開いていくことができるのだ。

広宣流布のため、悩める友の幸せのため、後継の青年が勇敢《ゆうかん》に一歩を踏み出し、拡大の旋《せん》風《ぷう》を巻き起こしていきたい。そして、「宿縁ふかし」との御聖訓を深く心に刻《きざ》み、創価三代の師弟に連《つら》なる喜びと誇りを胸に、新たな勝利の歴史を開く大闘争に意気揚々《いきようよう》と邁進《まいしん》していきたい。

TALKテーマ

学会精神を学ぶ

Q　どう学んでいけば？

A　〝自分なら〟と考え行動に生かす

中村区男子部大学校団長　青年部の「新・人間革命」世代プロジェクトが始まったね！（2020年）

西川ニュー・リーダー　池田先生が書かれた全30巻の小説『新・人間革命』を学ぶと聞きました！　でも僕、読書が苦手で……。

中村　〝全部を読まなきゃ〟と思うより、〝何を学ぶか〟が大切なんじゃないかな。

西川　どういう意味ですか？

中村　一部でもいいから、小説の内容を自分と重ね合わせて、思索《しさく》して、日々の生活に生かしていくことだよ。例えば、僕が好きなのは小説の第16巻「入魂《にゅうこん》」の章の場面。大学を卒業して2年ほど学会活動から離れてしまった青年と、山本伸一会長の出会いが描《えが》かれているんだ。

西川　その青年って、僕と同じくらいの年ですね。

中村　自分の「気の弱さ」に悩む青年に対し、

登場人物

中村区男子部大学校団長：20歳の時に入会。情熱に燃える新進気鋭のリーダー。34歳。
西川ニューリーダー：大学校入校を機に、学会活動に参加するようになった。25歳。

山本会長は「桜梅桃李《おうばいとうり》の己々《ここ》の当体《とうたい》を改めずして無作《むさ》の三身《さんじん》と開見《かいけん》すれば……」（新1090ページ・全784ページ）との御文を通して、「性分《しょうぶん》」について語っていく。

「すぐにカッとなる人というのは、情熱的で、正義感が強いということです。信心に励《はげ》めば、つまらぬことでカッとなるのではなく、悪や不正を許さぬ正義の人になる。また、誰かの言いなりになってしまう人というのは、優しさや人と調和する力がある。その長所の部分が引き出されていくんです。そうなっていくことが人間革命なんです」

僕も性格で悩んでたから、自分が欠点と思ってることを、長所に変えていく信心ってすごいなって感じたんだ。

西川　僕は人見知りで悩むことが多いんですけど、それを生かしていけるんですね。

中村　そう。山本会長は、「学会活動の場は、自分の生命を鍛《きた》え上げる道場です。広宣流布の使命に生きようと心を定《さだ》め、自身を鍛え抜くなかに、宿命《しゅくめい》の転換《てんかん》もあるんです」と激励していく。そして青年は元気になって、信心に立ち上がるんだ。

西川　まるで自分が励まされているみたいです。

中村　たくさんの同志の〝体験〟が描かれているし、教学も学べ、仏法の視点を得られる。僕は小説を日々の〝生きる糧《かて》〟にしてきたんだ。

西川　学ぶなら、第1巻からなのかなあ。

中村　自分の興味のあるところからでもいいよ。聖教電子版の「人間革命検索サービス」（有料会員限定）で、キーワード検索やテーマ・地域別に内容を調べることもできるよ。

西川　僕も「新・人間革命」世代として、学んだことを行動に移していきます！

ONE GOSHO

30

聖《しょう》人《にん》御《ご》難《なん》事《じ》——正義の対話を堂々と

御文 各々《おのおの》、師子王《ししおう》の心を取り出《い》だして、いかに人おど《脅》すともおず《怖》ることなかれ。師子王は百獣《ひゃくじゅう》におじず。師子の子、またかくのごとし。彼《かれ》らは野干《やかん》のほう《吠》るなり。日蓮が一門は師子の吼《ほ》うるなり。

（新1620ページ・全1190ページ）

【通解】 各々は師子王の心を取り出して、どのように人が脅《おど》しても、決して恐れることがあってはならない。師子王は百獣を恐れない。師子の子もまた同じである。彼ら（正法を誹謗《ひぼう》する人々）は野干《やかん》（キツネの類《たぐ》い）が吠《ほ》えているようなものであり、日蓮の一門は師子が吼《ほ》えるのと同じである。

【背景】本抄は「熱原《あつはら》の法難」の渦中である弘安《こうあん》2年（1279年）10月1日、日蓮大聖人が身延で著《あらわ》され、門下一同に与えられたお手紙である。また、鎌倉の四条金吾《しじょうきんご》のもとにとどめるように指示されている。

大聖人の身延入山後、駿河国《するがのくに》（静岡県中央部）の富士方面で弘教《ぐきょう》が伸展。その勢いに危機感を抱《いだ》いた天台宗滝泉寺《りゅうせんじ》の院主代《いんじゅだい》・行智《ぎょうち》らが虚偽《きょぎ》の訴《うった》えを起こし、罪のない農民門下20人が捕《と》らえられた。門下たちは拷問《ごうもん》に等《ひと》しい取り調べを受けたが、誰人も屈《くっ》しなかった。そして、神四郎《じんしろう》、弥五郎《やごろう》、弥六郎《やろくろう》の3人が処刑《しょけい》され、残る17人は追放《ついほう》処分となった。本抄では、その迫害の最中にあった弟子たちに、大聖人が大難を勝ち越えてきたように、「師子王《ししおう》の心」を取り出して難に立ち向かい、強盛《ごうじょう》な信心を貫《つらぬ》くよう励《はげ》まされている。

【解説】「必ず三障《さんしょう》四魔《しま》と申す障《さわ》りい《出》できたれば、賢者《けんじゃ》はよろこび愚者《ぐしゃ》は退《しりぞ》く」（新1488ページ・全1091ページ）――大難に遭《あ》った時に、信心を貫けるかどうか。ここに、成仏の分かれ目がある。

本抄の前半では、法華経法師品《ほっしほん》第10の「如来現在猶多怨嫉《にょらいげんざいゆたおんしつ》。況滅度後《きょうめつどご》（釈尊の在世でさえ、なお怨嫉《おんしつ》が多い。まして釈尊が入滅した後はなおさらである)」(法華経362ページ)の一節を引き、釈尊が受けた難はさまざまだが、釈尊滅後の難は、さらに大きいはずであると指摘《してき》されている。ここでは釈尊在世の難として、投げられた大石の破片で小指から出血したこと、心が外道《げどう》の味方となった弟子に命を狙《ねら》われたこと、酔《よ》った象によって多くの弟子が踏み殺されたこと等を挙げられている。

続いて日蓮大聖人は、竜樹《りゅうじゅ》、天親《てんじん》、天台《てんだい》、伝教《でんぎょう》は身から血を流すこともなく、釈尊以上の難には遭っていないと指摘。立宗以来、2度の流罪や、竜の口の法難をはじめ命に及ぶ大難の連続であった大聖人御自身が唯一、釈尊の言葉が真実であると証明した人であり、法華経の行者《ぎょうじゃ》であると示される。

本抄が著《あらわ》されたのは、熱原の農民門下20人が厳しい責めを受けている渦中であった。その中で、門下一同に、どのような迫害に遭っても「師子王の心を取り出《い》だして」恐れずに進んでいくよう鼓舞《こぶ》されている。

「師子王の心」とは、最高の勇気であり、あらゆる試練に決して負けない仏界の力である。「佐渡御書《さどごしょ》」に「悪王の正法《しょうほう》を破るに、邪法《じゃほう》の僧《そう》等が方人《かとうど》をなして智者《ちしゃ》を失わん時は、師子王のごとくなる心をもてる者、必ず仏になる《成》べし」（新1286ページ・全957ページ）とあるように、師子王の心をもって一人立つならば、必ず仏になれると御断言である。

本抄で「取り出だして」と仰《おお》せなのは、この「師子王の心」は、全《すべ》ての人の生命に本来具《そな》わっているからだ。では、どうすれば取り出すことができるのか。

大聖人は御自身を、百獣を恐れない「師子王」に譬《たと》えられ、「師子の子、またかくのごとし」と仰せだ。民衆救済《きゅうさい》のために、命に及ぶ大難を勝ち越えた師匠と共に戦う覚悟をもつ――ここに人生勝利の要諦《ようてい》がある。

池田先生は「師匠と同じ大願に生きる時、わが生命に『師子王の心』が涌現《ゆげん》するのです。自分中心の『小願』にとどまっていれば、力も出ない。小さな自分で終わってしまう。大いなる自分へ、覚悟を決め、ど真ん中に『大願』を打ち立てることです」と指導されている。

日々、師と同じ大願に立ち、広布の戦いを起こす中で、いかなる苦難も恐れない勇気を湧《わ》き起こすことができる。師子王の前ではいかなる迫害も「野干《やかん》が吠《ほ》えている」にすぎないのだ。後継の青年は、不屈《ふくつ》の魂《たましい》を胸に、師子王の心で正義の対話の大旋風《だいせんぷう》を堂々と巻き起こしていきたい。

TALKテーマ

卒校に向けて

Q　目標を立てる意味は？

A　自分が前進するため

中村区男子部大学校団長　間《ま》もなく新年を迎えて、3月には男子部大学校の卒校だね。

崎本ニュー・リーダー　はい！　ただ、入校から今まで、先輩から折々に「目標を立てよう」と言われてきました。もちろん目標は、あった方がいい気はしますが、もう少し深い「目標を立てる意味」みたいなものってあるんですか。

中村　大事な質問だね。その意義の一つとして僕が考えるのは、「自分自身が一歩ずつ前進するため」ということかな。

崎本　前に進む……。

中村　例えば、大学校に入った時も「毎日の勤行・唱題」「勇気の折伏《しゃくぶく》」に挑戦するって目標を立てたよね。今、どうなってるかな？

崎本　最初はハードルが高いって思ったんですが、そう決めたら意識するようになって、勤行は欠かさずやるようになりました。先輩に励《はげ》ましてもらって、初めて仏法対話もできました。

登場人物
中村区男子部大学校団長:20歳の時に入会。情熱に燃える新進気鋭のリーダー。34歳。
崎本ニュー・リーダー:男子部大学校に入校した22歳。

中村　崎本君の勇気に、僕も感動したよ。仕事でも学会活動でも、目標がないと、何をするかがあやふやになって、活力をもって挑戦するのが難しくなるよね。目標を立てると進む道が明確になって、〝今日、今週、今月に挑戦すること〟に具体的に向き合えるんだ。1年もたつと、すごい成長だよね。

崎本　確かに、目標があるから行動できたと思います。

中村　法華経に「化城《けじょう》宝処《ほうしょ》の譬《たと》え」という話がある。大勢の人々がはるか遠くの宝物がある所（宝処）へ進んでいたけれど、疲《つか》れて諦《あきら》めそうになった時、リーダーが途中、神通力《じんずうりき》によって一つの都市（化城）を作り出した。皆は喜んで、そこまで到達して十分に休んだところ、リーダーは化城を消す。「宝処はもうすぐだ」と励まして、また皆で元気よく出発するんだ。

崎本　僕たちに置き換えると、一つ一つの「目標」が、その「化城」ってことですか？

中村　そう。そして、目の前の目標へ挑戦していくこと、その日々自体に、これ以上ない価値があるんだ。御書には「化城即《そく》宝処とは、即の一字は南無妙法蓮華経なり。念々《ねんねん》の化城、念々の宝処なり」（新1021ページ・全732ページ）とある。一つ一つの目標へ、真剣に祈って挑戦していく中で、人間革命という偉大な目的も成就《じょうじゅ》できるんだよ。

崎本　卒校に向けた目標、僕は友人に弘教《ぐきょう》を実《みの》らせることに決めています。

中村　池田先生は「目標を決めて信心に励むことが大切なんです」「必ず広宣流布しようと決めて、年ごとに、具体的な前進の目標を立てて挑戦していくことです」と励まされている。一緒に折伏に挑戦し、最高の卒校を迎えよう！

な行

は行

ま行

や行

ら行

語句索引

あ行

か行

さ行

た行

御書ページ			
御書新版	御書全集	御文	本書ページ
1834	1505	法華経の法門をきくにつけてなおなお信心をはげむを、	96
1850	1527	友におうて礼あれとは、友達の一日に十度二十度来れる	154
1851	1527	（通解）他の事は多少優れていなくても善き人なのである	156
1852	1528	法華経を持つ人は、父と母との恩を報ずるなり	185
1918	1574	仏になりやすきことは別のよう候わず。旱魃にかわける	142
1924	1578	かかる不思議なる法華経の行者の住処なれば、いかでか	90
1940	1468	（通解）植えた木であっても、強い支柱で支えれば、大風	147
1940	1468	仏になるみちは善知識にはすぎず	165
1963	1480	このやまいは仏の御はからいか。そのゆえは、浄名経・	121
1988	1382	忘れても法華経を持つ者をば互いに毀るべからざるか。	148
2085	1451	今年の世間を鏡とせよ。そこばくの人の死ぬるに、今まで	110
2085	1451	ただひとえに思い切るべし	112
2085	1451	（趣意）釈迦仏・多宝仏・十方の仏たちよ！　集い来って	113
2135	1262	叶い叶わぬは御信心により候べし。全く日蓮がとがに	14
2156	1598	人のために火をともせば、我がまえあきらかなるが	51
2157	1573	南無妙法蓮華経とただ一反申せる人、一人として仏に	36
2200	856	法自ずから弘まらず、人法を弘むるが故に、人法ともに	133

御書ページ			
御書新版	御書全集	御文	本書ページ
1489	1092	我が身、仏になるのみならず、そむきしおやをもみちび	185
1520	1116	日蓮が諸難について御とぶらい、今にはじめざる志、	73
1522	1117	法華経の信心をとおし給え。火をきるに、やすみぬれば	25,72
1539	1132	いかなる世の乱れにも各々をば法華経・十羅刹助け給え	26
1544	1136	受くるはやすく、持つはかたし。さるあいだ、成仏は持つ	22
1554	1143	苦をば苦とさとり、楽をば楽とひらき、苦楽ともに思い	19
1554	1143	一切衆生、南無妙法蓮華経と唱うるより外の遊楽なきなり	122
1590	1169	仏法と申すは道理なり	77
1596	1173	人身は受けがたし、爪の上の土。人身は持ちがたし、	84
1596	1173	（通解）「主君に仕えることにおいても、仏法に尽くす	95
1596	1173	蔵の財よりも身の財すぐれたり、身の財より心の財第一	105
1597	1174	不軽菩薩の人を敬いしは、いかなることぞ。教主釈尊の	102
1620	1190	各々、師子王の心を取り出だして、いかに人おどすとも	198
1713	1241	金はやけばいよいよ色まさり、剣はとげばいよいよ利く	64
1719	1295	御みやづかいを法華経とおぼしめせ	77
1721	1448	貴辺すでに俗なり、善男子の人なるべし。この経を一文	174
1775	1337	（通解）総じて日蓮の弟子たちが、自分と他人、彼と此と	152
1790	1359	地涌の菩薩のさきがけ日蓮一人なり	130
1791	1360	日蓮一人はじめは南無妙法蓮華経と唱えしが、二人・	131
1791	1360	いかにも、今度、信心をいたして、法華経の行者にて	128

※本書内で趣意、通解として引用している御文も含む。

御書新版	御書全集	御文	本書ページ
1021	732	化城即宝処とは、即の一字は南無妙法蓮華経なり。念々	203
1056	758	一切衆生の異の苦を受くるは、ことごとくこれ日蓮一人	147
1061	761	「喜」とは、自他共に喜ぶことなり	63
1066	765	今、日蓮等の類い、南無妙法蓮華経と唱え奉る行者は、	48
1071	769	不軽菩薩の四衆を礼拝すれば、上慢の四衆の具うる	46
1090	784	桜梅桃李の己々の当体を改めずして無作の三身と開見す	197
1121	808	（趣意）題目を唱える声は、大宇宙にまで届く	18
1121	808	（通解）題目を唱える声は、十方世界で届かぬところは	57
1195	891	本より学文し候いしことは、仏教をきわめて仏になり、	182
1210	900	二度、華果成就するなり	187
1210	900	（通解）草木は大地がなくては生長することはできない	188
1211	900	よき弟子をもつときんば、師弟仏果にいたり、あしき弟子	186
1269	902	日本第一の法華経の行者なり	193
1270	903	かかる者の弟子檀那とならん人々は、宿縁ふかしと	192
1285	956	世間の浅きことには身命を失えども、大事の仏法なんど	134
1286	957	悪王の正法を破るに、邪法の僧等が方人をなして智者を	200
1411	1025	餓鬼は恒河を火と見る、人は水と見る、天人は甘露と	107
1435	1056	いまだこりず候。法華経は種のごとく、仏はうえてのごとく	69
1474	1083	各々随分に法華経を信ぜられつるゆえに、過去の重罪を	116
1488	1091	必ず三障四魔と申す障りいできたれば、賢者はよろこび	199

御書索引

	NO	御書新版題号	ページ	全集ページ	読了日
諸御抄	430	衣食御書	2150	1302	年　月　日
	431	大白牛車書	2151	1543	年　月　日
	432	現世無間御書	2152	1302	年　月　日
	433	三論宗御書	2152	691	年　月　日
	434	一大悪対治御書	2154	未収録	年　月　日
	435	根露枝枯御書	2155	1299	年　月　日
	436	食物三徳御書	2156	1598	年　月　日
	437	一大事御書	2157	1599	年　月　日
	438	不妄語戒事	2157	1573	年　月　日
	439	一定証伏御書	2158	1598	年　月　日
	440	老病御書	2158	未収録	年　月　日
	441	五大の許御書	2159	1599	年　月　日
	442	大学殿の事	2160	未収録	年　月　日
	443	但楽受持御書	2160	未収録	年　月　日
	444	春麦御書	2161	1401	年　月　日
	445	南無御書	2162	1299	年　月　日
	446	題目功徳御書	2162	1300	年　月　日
	447	常楽我浄御書	2163	1301	年　月　日
	448	破信堕悪御書	2164	1303	年　月　日
	449	慧日天照御書	2164	1297	年　月　日
	450	除病御書	2165	1298	年　月　日
	451	帰伏正法御書	2165	1301	年　月　日
日興上人文書	452	美作房御返事	2166	編年体	年　月　日
	453	原殿御返事	2168	編年体	年　月　日
	454	富士一跡門徒存知の事	2174	1601	年　月　日
	455	五人所破抄	2185	1610	年　月　日
	456	日興遺誡置文	2195	1617	年　月　日
伝承類	457	百六箇抄	2198	854	年　月　日
	458	本因妙抄	2219	870	年　月　日
	459	産湯相承事	2229	878	年　月　日
	460	身延相承書	2232	1600	年　月　日
	461	池上相承書	2232	1600	年　月　日

	NO	御書新版題号	ページ	全集ページ	読了日
駿河の門下へ	397	白米一俵御書	2052	1596	年 月 日
	398	異体同心事	2054	1463	年 月 日
遠江・尾張の門下へ	399	新池殿御消息	2056	1435	年 月 日
	400	新池御書	2062	1439	年 月 日
	401	刑部左衛門尉女房御返事	2070	1397	年 月 日
諸御抄	402	星名五郎太郎殿御返事	2076	1206	年 月 日
	403	さだしげ殿御返事	2081	1285	年 月 日
	404	弥三郎殿御返事	2082	1449	年 月 日
	405	日女御前御返事	2086	1243	年 月 日
	406	日女御前御返事	2090	1245	年 月 日
	407	妙法尼御前御返事	2098	1402	年 月 日
	408	妙法尼御前御返事	2101	1404	年 月 日
	409	妙法比丘尼御返事	2104	1406	年 月 日
	410	妙法比丘尼御前御返事	2121	1419	年 月 日
	411	妙一女御返事	2124	1255	年 月 日
	412	妙一女御返事	2131	1260	年 月 日
	413	日厳尼御前御返事	2135	1262	年 月 日
	414	堀内殿御返事	2136	未収録	年 月 日
	415	内記左近入道殿御返事	2136	1300	年 月 日
	416	論談敵対御書	2138	未収録	年 月 日
	417	釈迦御所領御書	2139	1297	年 月 日
	418	釈迦如来御書	2140	1303	年 月 日
	419	法然大罪御書	2140	未収録	年 月 日
	420	故最明寺入道見参御書	2141	未収録	年 月 日
	421	寿量品得意抄	2141	1210	年 月 日
	422	大果報御書	2144	1298	年 月 日
	423	大悪大善御書	2145	1300	年 月 日
	424	安国論正本の事	2145	35	年 月 日
	425	御衣布供養御書	2146	未収録	年 月 日
	426	依法不依人の事	2146	未収録	年 月 日
	427	良観不下一雨御書	2148	未収録	年 月 日
	428	白米和布御書	2149	未収録	年 月 日
	429	女人某御返事	2149	未収録	年 月 日

駿河の門下へ

NO	御書新版題号	ページ	全集ページ	読了日
364	持妙尼御前御返事	1970	1482	年　月　日
365	妙心尼御前御返事	1971	1483	年　月　日
366	窪尼御前御返事	1973	1479	年　月　日
367	窪尼御前御返事	1974	1481	年　月　日
368	窪尼御前御返事	1975	1483	年　月　日
369	窪尼御前御返事	1976	1485	年　月　日
370	窪尼御前御返事	1977	1485	年　月　日
371	窪尼御前御返事	1978	1478	年　月　日
372	窪尼御前御返事	1980	1476	年　月　日
373	松野殿御消息	1982	1378	年　月　日
374	松野殿御返事	1986	1381	年　月　日
375	松野殿御消息	1995	1387	年　月　日
376	松野殿御返事	1996	1388	年　月　日
377	松野殿御返事	1997	1388	年　月　日
378	妙法尼御返事	1999	1390	年　月　日
379	松野殿後家尼御前御返事	2000	1390	年　月　日
380	松野殿女房御返事	2004	1394	年　月　日
381	松野尼御前御返事	2006	1396	年　月　日
382	松野殿女房御返事	2006	1395	年　月　日
383	浄蔵浄眼御消息	2007	1396	年　月　日
384	三沢御房御返事	2010	1486	年　月　日
385	三沢抄	2010	1487	年　月　日
386	浄蓮房御書	2016	1431	年　月　日
387	盂蘭盆御書	2022	1427	年　月　日
388	治部房御返事	2027	1425	年　月　日
389	内房女房御返事	2030	1420	年　月　日
390	十字御書	2036	1491	年　月　日
391	芋一駄御書	2038	1588	年　月　日
392	四十九院御書	2039	1452	年　月　日
393	衆生身心御書	2040	1590	年　月　日
394	閻浮提中御書	2047	1589	年　月　日
395	大白牛車御消息	2050	1584	年　月　日
396	莚三枚御書	2051	1587	年　月　日

	NO	御書新版題号	ページ	全集ページ	読了日
南条時光編	331	上野殿御返事	1902	1566	年 月 日
	332	上野殿御書	1903	1567	年 月 日
	333	南条殿御返事	1904	1566	年 月 日
	334	上野殿母御前御返事	1905	1568	年 月 日
	335	上野尼御前御返事	1912	1580	年 月 日
	336	上野殿母御前御返事	1916	1573	年 月 日
	337	上野殿御返事	1918	1574	年 月 日
	338	上野尼御前御返事	1920	1575	年 月 日
	339	上野殿御返事	1922	1577	年 月 日
	340	南条殿御返事	1923	1578	年 月 日
	341	上野殿御返事	1925	1579	年 月 日
	342	上野殿母御前御返事	1926	1583	年 月 日
	343	上野郷主等御返事	1928	未収録	年 月 日
	344	春初御消息	1928	1585	年 月 日
	345	法華証明抄	1930	1586	年 月 日
駿河の門下へ	346	実相寺御書	1932	1452	年 月 日
	347	石本日仲聖人御返事	1934	1454	年 月 日
	348	越後公御房御返事	1935	未収録	年 月 日
	349	伯耆殿並諸人御書	1936	未収録	年 月 日
	350	伯耆殿等御返事	1937	1456	年 月 日
	351	聖人等御返事	1938	1455	年 月 日
	352	三三蔵祈雨事	1940	1468	年 月 日
	353	蒙古使御書	1946	1472	年 月 日
	354	宝軽法重事	1948	1474	年 月 日
	355	西山殿御返事	1951	1474	年 月 日
	356	西山殿御返事	1952	1477	年 月 日
	357	河合殿御返事	1952	未収録	年 月 日
	358	高橋殿御返事	1953	1467	年 月 日
	359	高橋入道殿御返事	1954	1458	年 月 日
	360	高橋殿女房御返事	1961	1457	年 月 日
	361	妙心尼御前御返事	1962	1479	年 月 日
	362	妙心尼御前御返事	1965	1477	年 月 日
	363	減劫御書	1966	1465	年 月 日

南条時光編

NO	御書新版題号	ページ	全集ページ	読了日
298	上野殿御返事	1836	1507	年 月 日
299	上野殿御返事	1837	1508	年 月 日
300	春の祝御書	1840	1510	年 月 日
301	上野殿御返事	1842	1511	年 月 日
302	南条殿御返事	1844	1541	年 月 日
303	上野殿御書	1846	1513	年 月 日
304	単衣抄	1848	1514	年 月 日
305	上野殿御消息	1850	1526	年 月 日
306	南条殿御返事	1853	1529	年 月 日
307	南条殿御返事	1855	1530	年 月 日
308	南条殿御返事	1856	1531	年 月 日
309	九郎太郎殿御返事	1861	1535	年 月 日
310	本尊供養御書	1862	1536	年 月 日
311	上野殿御返事	1864	1537	年 月 日
312	上野殿御返事	1869	1512	年 月 日
313	庵室修復書	1870	1542	年 月 日
314	上野殿御返事	1871	1544	年 月 日
315	上野殿御返事	1872	1545	年 月 日
316	南条殿御返事	1875	未収録	年 月 日
317	南条殿女房御返事	1876	1547	年 月 日
318	種々物御消息	1877	1547	年 月 日
319	時光御返事	1879	1549	年 月 日
320	上野殿御返事	1881	1551	年 月 日
321	上野殿御返事	1882	1552	年 月 日
322	九郎太郎殿御返事	1884	1553	年 月 日
323	上野殿御返事	1886	1554	年 月 日
324	上野殿御返事	1888	1555	年 月 日
325	上野殿御返事	1892	1559	年 月 日
326	上野殿御返事	1894	1560	年 月 日
327	上野殿御返事	1896	1561	年 月 日
328	上野殿御返事	1897	1562	年 月 日
329	上野殿御返事	1898	1563	年 月 日
330	上野殿御返事	1900	1564	年 月 日

	NO	御書新版題号	ページ	全集ページ	読了日
佐渡の門下へ	265	千日尼御前御返事	1735	1309	年　月　日
	266	千日尼御前御返事	1744	1315	年　月　日
	267	故阿仏房讃歎御書	1747	未収録	年　月　日
	268	千日尼御返事	1748	1318	年　月　日
	269	国府尼御前御書	1754	1324	年　月　日
	270	国府入道殿御返事	1756	1323	年　月　日
	271	一谷入道御書	1758	1326	年　月　日
	272	中興政所女房御返事	1765	未収録	年　月　日
	273	中興入道消息	1766	1331	年　月　日
	274	是日尼御書	1772	1335	年　月　日
	275	遠藤左衛門尉御書	1773	1336	年　月　日
	276	生死一大事血脈抄	1774	1336	年　月　日
	277	草木成仏口決	1777	1338	年　月　日
	278	最蓮房御返事	1779	1340	年　月　日
	279	祈禱経送状	1785	1356	年　月　日
	280	諸法実相抄	1788	1358	年　月　日
	281	十八円満抄	1794	1362	年　月　日
甲斐の門下へ	282	六郎実長御消息	1804	1368	年　月　日
	283	南部六郎殿御書	1806	1374	年　月　日
	284	波木井三郎殿御返事	1808	1369	年　月　日
	285	六郎次郎殿御返事	1814	1464	年　月　日
	286	御所御返事	1815	未収録	年　月　日
	287	地引御書	1816	1375	年　月　日
	288	波木井殿御報	1817	1376	年　月　日
	289	大豆御書	1818	1210	年　月　日
	290	初穂御書	1819	1599	年　月　日
	291	覚性房御返事	1820	1286	年　月　日
	292	覚性御房御返事	1820	未収録	年　月　日
	293	筍御書	1821	未収録	年　月　日
	294	霖雨御書	1821	1285	年　月　日
	295	大井荘司入道御書	1822	1377	年　月　日
南条時光編	296	南条兵衛七郎殿御書	1824	1493	年　月　日
	297	上野殿後家尼御返事	1832	1504	年　月　日

	NO	御書新版題号	ページ	全集ページ	読了日
鎌倉の門下へ	232	武蔵殿御消息	1640	1288	年　月　日
	233	十住毘婆沙論尋出御書	1641	1288	年　月　日
	234	月水御書	1642	1199	年　月　日
	235	大学三郎殿御書	1648	1203	年　月　日
	236	御輿振御書	1652	1264	年　月　日
	237	法門申さるべき様の事	1653	1265	年　月　日
	238	十章抄	1664	1273	年　月　日
	239	教行証御書	1668	1276	年　月　日
	240	日妙聖人御書	1678	1213	年　月　日
	241	乙御前母御書	1684	1222	年　月　日
	242	乙御前御消息	1686	1218	年　月　日
	243	妙一尼御返事	1693	未収録	年　月　日
	244	妙一尼御前御消息	1694	1252	年　月　日
	245	妙一尼御前御返事	1697	1255	年　月　日
	246	弥源太殿御返事	1698	1226	年　月　日
	247	弥源太入道殿御返事	1700	1228	年　月　日
	248	弥源太入道殿御消息	1702	1229	年　月　日
	249	桟敷女房御返事	1704	1231	年　月　日
	250	桟敷女房御返事	1705	1232	年　月　日
	251	妙密上人御消息	1706	1237	年　月　日
	252	道妙禅門御書	1713	1242	年　月　日
	253	智妙房御返事	1714	1286	年　月　日
	254	王日殿御返事	1716	1263	年　月　日
	255	諸人御返事	1717	1284	年　月　日
	256	檀越某御返事	1718	1294	年　月　日
	257	小蒙古御書	1719	1284	年　月　日
	258	椎地四郎殿御書	1720	1448	年　月　日
伊豆の門下へ	259	船守弥三郎許御書	1722	1445	年　月　日
	260	新田殿御書	1725	1452	年　月　日
佐渡の門下へ	261	妙法曼陀羅供養事	1726	1305	年　月　日
	262	阿仏房尼御前御返事	1729	1307	年　月　日
	263	阿仏房御書	1732	1304	年　月　日
	264	阿仏房御返事	1734	1317	年　月　日

→分冊四巻

四条金吾編

NO	御書新版題号	ページ	全集ページ	読了日
199	四条金吾殿御返事	1544	1136	年 月 日
200	王舎城事	1545	1137	年 月 日
201	四条金吾殿御返事	1548	1139	年 月 日
202	瑞相御書	1550	1140	年 月 日
203	四条金吾殿御返事	1554	1143	年 月 日
204	四条金吾釈迦仏供養事	1555	1144	年 月 日
205	四条金吾殿御返事	1561	1148	年 月 日
206	四条金吾殿御返事	1564	1150	年 月 日
207	頼基陳状	1568	1153	年 月 日
208	四条金吾殿御返事	1582	1163	年 月 日
209	四条金吾殿御返事	1585	1165	年 月 日
210	崇峻天皇御書	1592	1170	年 月 日
211	四条金吾殿御返事	1598	1170	年 月 日
212	四条金吾御書	1598	1175	年 月 日
213	中務左衛門尉殿御返事	1602	1178	年 月 日
214	四条金吾殿御返事	1604	1183	年 月 日
215	四条金吾殿御返事	1607	1185	年 月 日
216	日眼女造立釈迦仏供養事	1609	1187	年 月 日
217	陰徳陽報御書	1612	1178	年 月 日
218	四条金吾殿御返事	1614	1180	年 月 日
219	聖人御難事	1618	1189	年 月 日
220	四条金吾殿御返事	1622	1192	年 月 日
221	四条金吾殿御返事	1624	1193	年 月 日
222	四条金吾許御文	1626	1195	年 月 日
223	四条金吾殿御返事	1630	1198	年 月 日
224	経王御前御書	1631	1123	年 月 日
225	経王殿御返事	1632	1124	年 月 日

鎌倉の門下へ

NO	御書新版題号	ページ	全集ページ	読了日
226	弁殿御消息	1634	1223	年 月 日
227	弁殿並尼御前御書	1635	1224	年 月 日
228	弁殿御消息	1636	未収録	年 月 日
229	弁殿御消息	1636	1225	年 月 日
230	五人土籠御書	1638	1212	年 月 日
231	土籠御書	1639	1213	年 月 日

	NO	御書新版題号	ページ	全集ページ	読了日
下総の門下へ	166	曽谷入道殿御返事	1436	1057	年　月　日
	167	曽谷殿御返事	1439	1059	年　月　日
	168	曽谷二郎入道殿御返事	1448	1065	年　月　日
	169	秋元殿御返事	1455	1070	年　月　日
	170	秋元御書	1457	1071	年　月　日
池上兄弟編	171	兄弟抄	1468	1079	年　月　日
	172	兵衛志殿女房御書	1482	1094	年　月　日
	173	兵衛志殿御返事	1483	1104	年　月　日
	174	兵衛志殿御返事	1483	1089	年　月　日
	175	兵衛志殿女房御返事	1485	1097	年　月　日
	176	兵衛志殿御返事	1486	1090	年　月　日
	177	兵衛志殿御返事	1491	1097	年　月　日
	178	兵衛志殿御書	1492	1095	年　月　日
	179	兵衛志殿御返事	1494	1098	年　月　日
	180	兵衛志殿御返事	1497	未収録	年　月　日
	181	孝子御書	1499	1100	年　月　日
	182	両人御中御書	1500	1101	年　月　日
	183	兵衛志殿女房御返事	1501	1108	年　月　日
	184	右衛門大夫殿御返事	1502	1102	年　月　日
	185	兵衛志殿御返事	1503	1108	年　月　日
	186	大夫志殿御返事	1504	1103	年　月　日
	187	八幡宮造営事	1506	1105	年　月　日
	188	大夫志殿御返事	1509	1105	年　月　日
四条金吾編	189	四条金吾女房御書	1510	1109	年　月　日
	190	月満御前御書	1511	1110	年　月　日
	191	四条金吾殿御書	1513	1111	年　月　日
	192	四条金吾殿御消息	1516	1113	年　月　日
	193	同生同名御書	1518	1114	年　月　日
	194	四条金吾殿御返事	1520	1116	年　月　日
	195	四条金吾殿御返事	1523	1118	年　月　日
	196	呵責謗法滅罪抄	1529	1125	年　月　日
	197	主君耳入此法門免与同罪事	1539	1132	年　月　日
	198	四条金吾殿女房御返事	1541	1134	年　月　日

	NO	御書新版題号	ページ	全集ページ	読了日		
富木常忍編	133	聖人知三世事	1314	974	年	月	日
	134	富木尼御前御返事	1316	975	年	月	日
	135	忘持経事	1318	976	年	月	日
	136	道場神守護事	1320	979	年	月	日
	137	富木殿御書	1322	969	年	月	日
	138	始聞仏乗義	1325	982	年	月	日
	139	治病大小権実違目	1329	995	年	月	日
	140	常忍抄	1334	980	年	月	日
	141	四菩薩造立抄	1338	987	年	月	日
	142	富城殿御返事	1342	987	年	月	日
	143	富木殿女房尼御前御書	1342	990	年	月	日
	144	富城入道殿御返事	1343	未収録	年	月	日
	145	諸経と法華経と難易の事	1344	991	年	月	日
	146	法衣書	1347	1296	年	月	日
	147	富城入道殿御返事	1349	993	年	月	日
	148	富木殿御返事	1352	978	年	月	日
下総の門下へ	149	金吾殿御返事	1354	999	年	月	日
	150	転重軽受法門	1356	1000	年	月	日
	151	太田入道殿御返事	1358	1009	年	月	日
	152	大田殿許御書	1363	1002	年	月	日
	153	乗明聖人御返事	1368	1012	年	月	日
	154	太田殿女房御返事	1369	1013	年	月	日
	155	太田左衛門尉御返事	1371	1014	年	月	日
	156	大田殿女房御返事	1376	1018	年	月	日
	157	乗明上人御返事	1377	未収録	年	月	日
	158	慈覚大師事	1377	1019	年	月	日
	159	大田殿女房御返事	1380	1005	年	月	日
	160	三大秘法稟承事	1384	1021	年	月	日
	161	曽谷入道殿御書	1389	1024	年	月	日
	162	曽谷入道殿許御書	1390	1026	年	月	日
	163	曽谷入道殿御返事	1411	1025	年	月	日
	164	法蓮抄	1412	1040	年	月	日
	165	曽谷殿御返事	1433	1055	年	月	日

	NO	御書新版題号	ページ	全集ページ	読了日
安房の門下へ	100	聖密房御書	1198	896	年　月　日
	101	別当御房御返事	1204	901	年　月　日
	102	清澄寺大衆中	1206	893	年　月　日
	103	華果成就御書	1210	900	年　月　日
	104	四恩抄	1212	935	年　月　日
	105	新尼御前御返事	1219	904	年　月　日
	106	大尼御前御返事	1224	908	年　月　日
	107	種々御振舞御書	1225	909	年　月　日
	108	光日房御書	1248	926	年　月　日
	109	破良観等御書	1256	1289	年　月　日
	110	光日尼御返事	1264	934	年　月　日
	111	光日上人御返事	1264	932	年　月　日
	112	出雲尼御前御書	1268	未収録	年　月　日
	113	寂日房御書	1268	902	年　月　日
富木常忍編	114	問注得意抄	1271	178	年　月　日
	115	富木殿御消息	1272	949	年　月　日
	116	富木殿御返事	1273	1515	年　月　日
	117	真間釈迦仏御供養逐状	1274	950	年　月　日
	118	富木殿御返事	1275	949	年　月　日
	119	土木殿御返事	1276	950	年　月　日
	120	寺泊御書	1277	951	年　月　日
	121	富木入道殿御返事	1282	955	年　月　日
	122	佐渡御書	1284	956	年　月　日
	123	富木殿御返事	1292	962	年　月　日
	124	真言諸宗違目	1293	139	年　月　日
	125	土木殿御返事	1298	963	年　月　日
	126	土木殿御返事	1300	964	年　月　日
	127	法華行者逢難事	1301	965	年　月　日
	128	富木殿御書	1304	964	年　月　日
	129	富木殿御返事	1305	968	年　月　日
	130	可延定業書	1307	985	年　月　日
	131	御衣並単衣御書	1310	971	年　月　日
	132	観心本尊得意抄	1311	972	年　月　日

	NO	御書新版題号	ページ	全集ページ	読了日
対外書	67	北条弥源太への御状	858	172	年 月 日
	68	建長寺道隆への御状	859	173	年 月 日
	69	極楽寺良観への御状	860	174	年 月 日
	70	大仏殿別当への御状	862	174	年 月 日
	71	寿福寺への御状	862	175	年 月 日
	72	浄光明寺への御状	863	175	年 月 日
	73	多宝寺への御状	864	176	年 月 日
	74	長楽寺への御状	865	176	年 月 日
	75	弟子檀那中への御状	866	177	年 月 日
	76	行敏御返事	867	179	年 月 日
	77	行敏訴状御会通	868	180	年 月 日
	78	一昨日御書	873	183	年 月 日
	79	強仁状御返事	875	184	年 月 日
	80	四十九院申状	877	848	年 月 日
	81	滝泉寺大衆陳状	880	849	年 月 日
図表・抄録類	82	一代五時図	886	612	年 月 日
	83	一代五時図	895	618	年 月 日
	84	一代五時鶏図	902	623	年 月 日
	85	一代五時鶏図	914	未収録	年 月 日
	86	念仏者追放宣旨事	918	86	年 月 日
	87	浄土九品の事	933	695	年 月 日
	88	真言七重勝劣事	940	128	年 月 日
	89	小乗小仏要文	948	595	年 月 日
	90	和漢王代記	954	602	年 月 日
	91	上行菩薩結要付嘱口伝	969	538	年 月 日
	92	日月の事	978	599	年 月 日
	93	十宗判名の事	981	692	年 月 日
	94	五行御書	982	693	年 月 日
講義	95	御義口伝	984	701	年 月 日
	96	御講聞書	1120	804	年 月 日
安房の門下へ	97	善無畏三蔵抄	1182	881	年 月 日
	98	佐渡御勘気抄	1195	891	年 月 日
	99	義浄房御書	1196	892	年 月 日

↓分冊三巻

※新版に収録されなかった御書は除く。

	NO	御書新版題号	ページ	全集ページ	読了日
教理書	34	聖愚問答抄	544	474	年　月　日
	35	祈禱抄	582	1344	年　月　日
	36	如説修行抄	599	501	年　月　日
	37	顕仏未来記	606	505	年　月　日
	38	当体義抄	613	510	年　月　日
	39	当体義抄送状	628	519	年　月　日
	40	小乗大乗分別抄	629	520	年　月　日
	41	顕立正意抄	638	536	年　月　日
	42	立正観抄	641	527	年　月　日
	43	立正観抄送状	651	534	年　月　日
	44	二乗作仏事	654	589	年　月　日
	45	木絵二像開眼之事	662	468	年　月　日
	46	善無畏抄	665	1232	年　月　日
	47	神国王御書	671	1516	年　月　日
	48	法華初心成仏抄	685	544	年　月　日
	49	三世諸仏総勘文教相廃立	705	558	年　月　日
	50	諫暁八幡抄	730	576	年　月　日
諸宗比較書	51	念仏無間地獄抄	748	97	年　月　日
	52	蓮盛抄	757	150	年　月　日
	53	諸宗問答抄	764	375	年　月　日
	54	法華真言勝劣事	776	120	年　月　日
	55	当世念仏者無間地獄事	787	104	年　月　日
	56	題目弥陀名号勝劣事	797	111	年　月　日
	57	真言天台勝劣事	805	134	年　月　日
	58	早勝問答	812	161	年　月　日
	59	法華浄土問答抄	827	117	年　月　日
	60	八宗違目抄	831	154	年　月　日
	61	真言見聞	840	142	年　月　日
対外書	62	宿屋入道への御状	852	169	年　月　日
	63	宿屋入道への再御状	853	未収録	年　月　日
	64	北条時宗への御状	854	169	年　月　日
	65	宿屋左衛門光則への御状	855	170	年　月　日
	66	平左衛門尉頼綱への御状	856	171	年　月　日

（No.36より）分冊二巻

御書読了表

	NO	御書新版題号	ページ	全集ページ	読了日
十大部	1	唱法華題目抄	1	1	年 月 日
	2	立正安国論	24	17	年 月 日
	3	安国論奥書	46	33	年 月 日
	4	安国論御勘由来	46	33	年 月 日
	5	開目抄	50	186	年 月 日
	6	如来滅後五五百歳始観心本尊抄	122	238	年 月 日
	7	観心本尊抄送状	147	255	年 月 日
	8	法華取要抄	148	331	年 月 日
	9	撰時抄	160	256	年 月 日
	10	報恩抄	212	293	年 月 日
	11	報恩抄送文	262	330	年 月 日
	12	四信五品抄	264	338	年 月 日
	13	下山御消息	272	343	年 月 日
	14	本尊問答抄	302	365	年 月 日
教理書	15	一生成仏抄	316	383	年 月 日
	16	主師親御書	319	385	年 月 日
	17	一代聖教大意	326	390	年 月 日
	18	一念三千理事	348	406	年 月 日
	19	十如是事	354	410	年 月 日
	20	一念三千法門	357	412	年 月 日
	21	十法界事	365	417	年 月 日
	22	爾前二乗菩薩不作仏事	375	424	年 月 日
	23	守護国家論	379	36	年 月 日
	24	災難興起由来	441	未収録	年 月 日
	25	災難対治抄	448	78	年 月 日
	26	十法界明因果抄	460	427	年 月 日
	27	同一鹹味御書	475	1447	年 月 日
	28	教機時国抄	477	438	年 月 日
	29	顕謗法抄	483	443	年 月 日
	30	持妙法華問答抄	509	461	年 月 日
	31	女人成仏抄	519	470	年 月 日
	32	薬王品得意抄	524	1499	年 月 日
	33	法華経題目抄	531	940	年 月 日

↓分冊一巻

ONE《ワン》 GOSHO《ごしょ》 この一節《いっせつ》とともに！

2022年12月 2日　初版第1刷発行

編　者　創価《そうか》学会《がっかい》男子部《だんしぶ》教学室《きょうがくしつ》
発行者　大島光明
発行所　株式会社　第三文明社
東京都新宿区新宿1-23-5　〒160-0022
電話番号　03(5269)7144（営業代表）
03(5269)7145（注文専用）
03(5269)7154（編集代表）
振替口座　00150-3-117823
URL　https://www.daisanbunmei.co.jp/
印刷・製本　藤原印刷株式会社

ISBN 978-4-476-06250-2